LIVRE DE CUISINE
de la Villa Corse

76 recettes du restaurant d'**Augustin Grisoni**

Photos de Jacques Florsch

Recettes de Henri Boutier et Didier Vanhulst

EDITIONS PC

Préface

Vous allez découvrir dans ce livre les recettes qui ont bercé mon enfance.

Plus qu'un livre de cuisine, il s'agit d'un véritable hommage à ma mère et à l'héritage qu'elle a su me transmettre : celui du goût et de la passion pour ce beau métier. En effet, je peux dire que je suis "tombé dedans" lorsque j'étais tout petit, voyant ma mère se lever chaque matin aux aurores pour préparer un à un ses fameux cannellonis et autres plats en sauce dont elle seule avait le secret. Comment aurais-je pu oublier ces odeurs, ces saveurs de mon enfance et de la Corse, mon pays...

Un jour, faire un restaurant Corse, s'est imposé à moi comme une évidence. C'était il y a bientôt vingt ans, aux temps où les cuisines de terroir n'étaient pas encore dites "à la mode". J'avais simplement envie de faire découvrir la cuisine de mon pays, si savoureuse et conviviale. Une cuisine de terroir qui a su rester authentique, bien que mise au goût du jour. Trois restaurants plus tard, je reste toujours aussi fier et ému de faire découvrir la cuisine de ma mère, carte revisitée, aux différentes générations qui se pressent chaque jour à la "Villa Corse". C'est un peu comme si je les recevais chez moi, en Corse...

J'attache beaucoup d'importance à la qualité des produits utilisés. En effet, il n'est pas de bonne cuisine corse sans bons produits corses ! C'est pourquoi je fais venir chaque semaine de l'île de beauté : charcuteries, fromages, viandes, farine de châtaigne, huile d'olive, miel, confitures, sans oublier les vins et autres eaux de vie... Je contribue ainsi à faire travailler les petits producteurs corses et fais découvrir la qualité et l'authenticité de leur travail à mes convives. Il est très important de continuer à faire vivre l'artisanat local pour que nos traditions culinaires ne se perdent jamais. Car nous sommes tous riches de ça, de nos racines, de notre culture et de notre cuisine régionale...

Je tiens également à remercier chaleureusement les deux chefs de la Villa Corse, Henri Boutier et Didier Vanhulst, qui me suivent au quotidien dans cette aventure. Merci d'avoir fait revivre la cuisine de mon enfance et d'avoir su la moderniser sans jamais la dénaturer. Merci de croire en mes projets avec tant de conviction... Car la réussite est avant tout une affaire d'équipe...

Augustin Grisoni
La Villa Corse
164 bv de Grenelle – 75015 Paris
01 53 86 70 81

Henri Boutier

Villa Corse

La complémentarité de nos parcours culinaires et notre rencontre avec Augustin Grisoni, animé par la même passion, nous a permis, à la Villa Corse, de mettre en valeur la richesse des parfums de notre île grâce à des produits élaborés par des artisans soucieux du respect de la tradition.

Les paysages de la Corse nous ont conquis, les vives et hautes saveurs de l'île nous ont donné l'envie de mettre en valeur le meilleur du goût et de la tradition Corse, des huiles d'olives aux robes très différentes, aux miels du bord de mer, de montagne ou du maquis, des nombreuses charcuteries, prisotto, coppa, saucisson, aux fromages aux arômes passionnés.

L'évidence a été, pour nous, de vous offrir cette personnalité à travers 76 recettes de grande qualité, de vous transmettre cette bonne humeur et cette joie de vivre à partager en découvrant les nombreux grands vins au palais inimitable. Dans ce livre, nous dévoilons sans retenue toutes nos astuces, nos conseils et la source des produits qui, nous l'espérons, vous feront apprécier leur originalité et leur personnalité.

Didier Vanhulst

Villa Corse

Le chef vous propose...

Vin
de Pêche
Domaine Orsini
Confiture de Figue de Barbarie
Domaine Orsini
Confiture d'Arbouse

Les Entrées

Feuilletés aux blettes,
prisuttu et crème de fromage corse

Pour 4 personnes

45 mn | 30 mn

Ingrédients

> 400 g de pâte feuilletée
> 300 g de blettes
> 1 l de fond de volaille
> 200 g de jambon corse
> 50 g de fromage pâte forte corse
> 100 g de tome corse
> 25 cl de crème fraîche
> 30 g de beurre
> 30 g de farine
> Sel, poivre, muscade
> 1 œuf
> Persil haché

Préparation des blettes

» Enlevez le vert de blettes, enlevez les fils des côtes et taillez-les en bâtonnets de 3 cm environ.

» Lavez et faites cuire les bâtonnets 20 mn dans le fond blanc, égouttez et réservez.

» Faites un roux avec le beurre et la farine, versez 4 dl de bouillon de volaille, salez, poivrez, râpez un peu de muscade et laissez cuire 20 mn.

» Ajoutez la crème, le fromage pâte forte, les 100 g de tome râpée, laissez fondre à feu doux 10 mn et incorporez les blettes.

Préparation des feuilletés

» Déroulez la pâte feuilletée, taillez un grand carré que vous découpez ensuite en 4, dorez-les à l'œuf et faites cuire à four chaud 180°C, 10 à 15 mn.

» Évidez les feuilletés, versez à l'intérieur la préparation, parsemez de lanières de prisuttu et saupoudrez de persil haché.

Astuces du Chef

La préparation peut se cuire à l'avance et se réchauffer. Par contre, il est conseillé de cuire les feuilletés au dernier moment, ils seront plus légers.

Choix du sommelier

Domaine Leccia blanc de Patrimonio

Compotée de lapereau
à la népita et sarriette

Pour 10 personnes

45 mn | 2 h

Ingrédients

> 2 lapereaux
> 1 pied de veau
> 150 g d'échalotes
> 10 g de baie de genièvre
> 3 gousses d'ail
> 1.5 l de vin blanc
> Sarriette et népita
> 2 cl d'aquavita
> 1 kg de carottes
> 2 cl d'huile d'olive
> Sel et poivre
> 20 g de beurre

Préparation des lapereaux

≫ Coupez les lapereaux en morceaux, salez, poivrez.

≫ Dans une cocotte, mettez les morceaux à mariner avec les échalotes émincées, l'ail, le genièvre écrasé, le pied de veau, la sarriette, la népita et l'huile d'olive une nuit au frais.

≫ Épluchez et coupez les carottes en fines rondelles, faites-les cuire avec 50 g de beurre, un demi verre d'eau et 2 cuillères à soupe de sucre.

≫ Réservez.

Cuisson des lapereaux

≫ Faites cuire les lapereaux au four à couvert environ 2 h, température 150°C.

≫ Égouttez les lapereaux, passez le jus au chinois et réservez.

≫ Désossez les lapereaux et émiettez-les grossièrement. Désossez le pied de veau et coupez-le en petits dés.

≫ Mélangez avec les carottes et le jus, rectifiez l'assaisonnement, ajoutez le rappu.

≫ Moulez dans une terrine et laissez une nuit au réfrigérateur.

≫ Servez très frais.

Astuces du Chef

Accompagnez cette compotée d'une salade mesclun.

Choix du sommelier

Orenga de Gaffory blanc de Patrimonio

Salade de mesclun

aux artichauts poivrade, prisuttu et tome corse

Pour 6 personnes

45 mn — 5 mn

Ingrédients

> 18 pièces d'artichauts poivrade
> 200 g de jambon prisuttu
> 100 g de tome corse très sèche
> 30 g de tomates confites
> 400 g de mesclun
> 1 branche d'estragon
> 1 dl d'huile d'olive
> 4 citrons jaunes
> Sel et poivre blanc du moulin

Préparation des artichauts poivrade

≫ Enlevez les premières feuilles des artichauts et grattez légèrement les queues, passez au jus de citron.

≫ Faites cuire à couvert dans une cocotte avec un peu d'huile d'olive environ 6 mn. Salez et poivrez.

≫ Laissez refroidir dans le jus de cuisson.

Préparation de la sauce

≫ Hachez grossièrement l'estragon. Pressez le jus de 3 citrons, mélangez avec l'huile d'olive, salez et poivrez. Ajoutez l'estragon.

Finition

≫ Lavez et essorez la salade mesclun, assaisonnez avec la vinaigrette au citron.

≫ Dressez la salade sur des assiettes, taillez des copeaux de tome sèche, des lanières de prisuttu et répartissez harmonieusement le tout avec les artichauts poivrade.

≫ Décorez avec les tomates confites. Servez et donnez au dernier moment un tour de moulin à poivre sur chaque salade.

Astuces du Chef

Ajoutez un peu d'ail haché dans la vinaigrette.

Choix du sommelier

Domaine San Michele rouge de Sartène

Croustillants de volaille
à la tome corse

Pour 4 personnes

30 mn

10 mn

Ingrédients

> 480 g de suprême de poulet
> 8 feuilles de brick
> 3 dl d'huile d'olive
> 1 cuillerée à soupe d'herbes du maquis
> 240 g de tome corse
> 120 g de mesclun
> 2 dl de vinaigre d'olive
> 80 g de tomates confites
> Sel et poivre

Préparation des croustillants

» Escalopez le suprême de poulet en fines tranches, aplatissez-les afin d'obtenir des escalopes les plus fines possible.

» Étalez les feuilles de brick, badigeonnez-les à l'aide d'un pinceau avec le mélange huile d'olive et herbes du maquis.

» Disposez au centre de la feuille de brique une tranche de suprême de poulet et assaisonnez.

» Taillez 8 morceaux réguliers de tome corse en bâtonnet et posez-les sur la volaille. Enroulez la viande et la tome corse dans la feuille de brique afin d'obtenir 8 rouleaux réguliers.

» Faites chauffer 2 dl d'huile d'olive dans une poêle et faites cuire les croustillants de chaque côté afin d'obtenir une jolie coloration.

Dressage

» Assaisonnez le mesclun avec la vinaigrette à l'huile d'olive. Ajoutez les tomates confites.

» Disposez au centre de l'assiette cette salade, ajoutez les 2 croustillants et décorez avec le thym et le romarin.

Astuces du Chef

Ajoutez un peu de tapenade verte dans les croustillants.

Choix du sommelier

Clos d'Alzeto rouge d'Ajaccio

Blinis à la farine de châtaigne, prisuttu et roquette

Pour 6 personnes

20 mn

6 mn

Ingrédients

Pour les blinis
> 200 g de farine de châtaigne
> 200 g de farine de blé
> 6 œufs
> 15 g de levure de boulanger
> 25 cl de bière Pietra
> Sel
> Beurre

Pour la garniture
> 400 g de prisuttu tranché
> 120 g de tomates confites
> 100 g de roquette ou mesclun
> Huile d'olive Terra Rossa

Préparation de la pâte à blinis

» Séparez les blancs des jaunes d'œufs. Réservez les blancs.

» Mettez les farines dans un saladier avec la levure de boulanger, faites un puit.

» Ajoutez les 6 jaunes d'œufs en incorporant petit à petit la bière Pietra. Laissez pousser à température ambiante pendant 45 mn.

» Battez les blancs d'œufs en neige, incorporez-les délicatement à la pâte, ajoutez une pincée de sel, laissez pousser à nouveau pendant 30 mn.

Cuisson

» Mettez un peu de beurre dans de petites poêles à blinis, de préférence anti-adhésives, chauffez modérément, versez-y une petite louche de pâte et faites cuire 3 mn de chaque côté.

» Réservez.

Dressage

» Sur une assiette, mettez la salade assaisonnée sur un blinis, déposez le prisuttu roulé, les tomates confites et arrosez d'un trait d'huile d'olive.

Astuces du Chef

Vous pouvez préparer les blinis la veille et les réchauffer au grill au moment de servir.

Choix du sommelier

Orenga de Gaffory rosé de Patrimonio

Pressée de volaille
au Cap Corse, pistaches et panzetta

Pour 8 personnes

30 mn — 1 h

Ingrédients

> 500 g de panzetta
> 300 g de blanc de volaille
> 800 g de pommes de terre
> 100 g de pistaches
> 100 g d'échalotes
> 20 g de gelée en poudre
> 50 cl de Cap corse (vin cuit)
> Mesclun
> Huile d'olive
> Sel et poivre

Astuces du Chef

Recette idéale pour les déjeuners d'été sur la terrasse.

Choix du sommelier

Domaine Gentile rosé de Patrimonio pour l'été et blanc pour le reste de l'année.

» Escalopez finement les blancs de volaille.

» Coupez la panzetta en fines lamelles.

» Épluchez et émincez les échalotes.

» Épluchez puis émincez les pommes de terre. Faites-les blanchir 10 mn puis égouttez-les.

» Tapissez le fond d'une terrine avec les lamelles de panzetta en les laissant déborder, puis déposez une couche de pommes de terre.

» Saupoudrez d'échalotes hachées et de pistaches émondées. Ensuite, étalez quelques fines tranches d'escalopes de volaille et renouvelez l'opération jusqu'à hauteur du moule en salant, poivrant et saupoudrant de gelée à chaque couche.

» Arrosez de Cap corse.

» Refermez la terrine avec les lamelles de panzetta et faites cuire au bain-marie au four préchauffé à 200°C pendant 1 h au minimum.

» Après cuisson, mettez la terrine sous presse 12 h au minimum en plaçant dessus une petite planche de bois surmontée d'un poids.

» Votre terrine sera ainsi bien compacte et le démoulage n'en sera que plus facile.

Dressage

» Lavez le mesclun. Assaisonnez-le à l'huile d'olive et disposez dessus une tranche de terrine de volaille.

» Décorez avec des dés de tomates pour donner de la couleur à votre assiette.

Terrine de foie gras frais
de canard aux figues et muscat du Cap

Pour 10 personnes

25 mn | 50 mn

Ingrédients

> 1 kg de foie gras frais de canard
> 50 cl de muscat du Cap
> 300 g de figues sèches
> 13 g de sel
> 3 g de poivre
> 1 pincée de 4 épices

» Dénervez les foies, faites-les dégorger à l'eau froide environ 1 h.

» Égouttez, séchez avec du papier absorbant.

» Dans un saladier, délayez sel, poivre et épices avec le muscat.

» Ajoutez les foies, remuez délicatement et laissez mariner au frais une nuit.

» Tapissez le fond d'une terrine de foie, disposez les figues dessus et recouvrez de foie.

» Couvrez la terrine avec son couvercle.

» Faites cuire au four 50 mn, au bain-marie à 80°C.

» Retirez du four, laissez refroidir, posez dessus une planchette aux dimensions intérieures de la terrine.

» Pressez à l'aide d'un poids, un peu de graisse doit déborder.

» Réservez une nuit au frais.

» Nettoyez la terrine, enlevez la planchette et recouvrez-la de graisse.

» Servez avec du pain de campagne grillé.

Astuces du Chef

Réalisez cette terrine au minimum 4 jours avant la consommation.

Choix du sommelier

Domaine Orsini muscat de Calvi

Mousse de poireaux
et coppa à la vinaigrette de betterave

Pour 8 personnes

20 mn 35 mn

Ingrédients

> 1,2 kg de poireaux
> 10 œufs
> 1 l de crème fleurette
> 250 g de coppa
> 100 g de betterave
> 3 dl d'huile d'olive
> Sel et poivre

» Lavez les poireaux, gardez du blanc et du vert pour chemiser les ramequins, faites-les blanchir à l'eau bouillante salée. Réservez.

» Émincez le reste de poireaux et faites-les suer à l'huile d'olive.

» Taillez la coppa en fines tranches et réservez 8 tranches.

» Hachez le reste.

» Dans un saladier, mélangez les œufs, la crème, la coppa hachée, les poireaux. Vérifiez l'assaisonnement.

» Graissez 8 ramequins, chemisez-les avec le poireau, remplissez avec l'appareil coppa-poireaux.

» Faites cuire au bain-marie, sur une plaque remplie d'un peu d'eau au four préchauffé à 160°C pendant 35 mn.

Préparation de la vinaigrette

» Taillez la betterave en cubes, ajoutez-y l'huile d'olive, le sel et le poivre, passez au mixeur avec un petit clou de girofle.

Dressage

» Démoulez la mousse au centre de l'assiette et présentez-la avec un cordon de vinaigrette de betterave tout autour.

Astuces du Chef

Vous pouvez servir cette mousse accompagnée de roquette assaisonnée à l'huile d'olive.

Choix du sommelier

Clos Columbu blanc de Calvi

Tarte fine
aux sardines

Pour 6 personnes

40 mn 15 mn

Ingrédients

> 250 g de pâte feuilletée prête à étaler
> 300 g de courgettes
> 300 g de tomates
> 300 g d'aubergines de taille moyenne
> 300 g d'oignons
> 800 g de sardines en portefeuille (sans arêtes chez le poissonnier)
> 5 filets d'anchois
> 3 cl d'huile d'olive
> Origan, fleur de thym
> Sel et poivre

Préparation des légumes

» Lavez et taillez les légumes en rondelles de 4 mm, colorez-les à l'huile d'olive dans une poêle. Égouttez et posez-les sur du papier absorbant de manière à retirer la plus grande quantité d'huile possible.

» Lavez et coupez les tomates en rondelles.

» Réservez.

» Épluchez et émincez les oignons, faites-les revenir à feu doux et faites bien compoter pendant environ 30 mn. Ajoutez les filets d'anchois. Mélangez bien, puis réservez.

Préparation des sardines

» Séparez les filets. Faites attention à bien enlever le peu d'arêtes restantes. Saisissez rapidement les filets à l'huile d'olive (un simple aller-retour à la poêle).

» Salez, poivrez et réservez.

Montage de la tarte

» Posez un papier cuisson sur la plaque du four.

» Déroulez dessus la pâte feuilletée, étalez-y la compote d'oignons. Disposez en alternance des rondelles de tomates, de courgettes, d'aubergines et enfin, terminez avec les filets de sardines.

» Arrosez d'un trait d'huile d'olive. Saupoudrez de fleur de thym et d'origan. Faites cuire au four préalablement préchauffé à 180°C.

» Servez aussitôt !

Astuces du Chef

Vous pouvez remplacer les sardines par des filets de rougets.

Choix du sommelier

Domaine Peraldi blanc d'Ajaccio

Salade de pennines
aux fruits de mer

Pour 8 personnes

30 mn · 8 mn

Ingrédients

> 800 g de pennines (petits pennes)
> 400 g de supions
> 40 moules
> 40 palourdes
> 2 g de safran
> 1 dl d'huile d'olive
> 4 citrons jaunes
> 50 g de roquette
> 1 dl de vin blanc
> 2 cuillerées à soupe de persil haché
> Sel et poivre

Préparation de la garniture

» Nettoyez et lavez les moules, mettez-les dans une casserole avec un peu de vin blanc et faites ouvrir à feu vif. Récupérez le jus et passez-le au chinois fin. Réservez.

» Nettoyez et lavez les palourdes, mettez-les dans une casserole avec un peu de vin blanc et faites ouvrir à feu vif. Récupérez le jus et passez-le au chinois fin. Réservez.

» Enlevez le bec, les yeux des supions ainsi que leur plume. Nettoyez à grande eau et égouttez. Coupez leur corps en 3 et poêlez-les à feu vif, salez, poivrez et réservez.

Cuisson des pennines

» Dans une grande casserole, mettez de l'eau, le jus des moules et celui des palourdes, le safran, 1 trait d'huile d'olive. Salez légèrement et portez à ébullition, versez les pennines en pluie et faites cuire 8 mn. Égouttez et rafraîchissez rapidement.

» Réservez.

Préparation de la salade

» Préparez une vinaigrette avec le jus de 4 citrons, du sel, du poivre, l'huile d'olive et le persil haché. Assaisonnez à part les pennines avec la roquette.

» Dressez sur une assiette et répartissez harmonieusement les coquillages et les supions.

» Servez sans attendre !

Astuces du Chef

Assaisonnez cette salade au dernier moment afin qu'elle garde toute sa fraîcheur.

Choix du sommelier

Clos Culombu "Prestige" blanc de Calvi

Millefeuille d'anchois

et poivrons aux pignons de pin

Pour 6 personnes

1 h | 30 mn

Ingrédients

> 2 kg de poivrons rouges et jaunes
> 1 kg d'anchois
> 1 botte de basilic
> 30 g de pignons de pin
> 1 cuillère à soupe de gros sel
> 2 gousses d'ail
> 1 dl de vinaigre blanc
> 3 dl d'huile d'olive
> Thym

Astuces du Chef

À déguster avec un bon pain frais de campagne.

Choix du sommelier

Clos Landry blanc de Calvi

La veille

≫ Sur une plaque, mettez les poivrons légèrement huilés et enfournez-les dans un four préchauffé à 200°C.

≫ Lorsque la peau se décolle, laissez-les tiédir.

≫ Enlevez la peau et les pépins quand ils sont encore tièdes.

≫ Faites mariner les poivrons avec l'ail, le thym et l'huile d'olive.

≫ Réservez au frais.

Préparation des anchois

≫ Laver les anchois en filet, rincez-les, essuyez-les bien et mettez-les au sel pendant 15 mn. Rincez-les de nouveau et mettez-les dans le vinaigre blanc avec le thym.

≫ Réservez.

Dressage

≫ Prenez un cercle au centre duquel vous disposez une couche de poivrons puis une couche d'anchois. Répétez l'opération jusqu'au bord du cercle.

≫ Pour le pesto, mixez le basilic, les pignons de pin et l'huile d'olive.

≫ Disposez au centre de l'assiette le millefeuille démoulé et un cordon de pesto tout autour.

Supions poêlés à l'Ajaccienne

Pour 6 personnes

40 mn

15 mn

Ingrédients

> 2 kg de supions
> 3 cl d'huile d'olive
> 1 piment langue d'oiseau
> 3 cuillères à soupe de persil haché
> 2 gousses d'ail
> 100 g de tomates cerises
> Sel, poivre

Astuces du Chef

Ne mettez pas trop de supions dans la poêle pour que l'eau qu'ils rendent puisse s'évaporer rapidement.

Choix du sommelier

Clos d'Alzeto blanc d'Ajaccio

Préparation des supions

≫ Nettoyez les supions, séparez la tête des poches, retirez la plume et l'intérieur des poches.

≫ Supprimez les yeux et le bec des têtes, lavez le tout à grande eau, égouttez.

≫ Taillez les poches en 3 morceaux.

≫ Faites porter à ébullition une grande casserole d'eau salée, jetez-y les supions, laissez 2 mn, égouttez.

Cuisson des supions

≫ Dans une grande poêle, faites chauffer l'huile d'olive. Quand elle est fumante, jetez-y les supions.

≫ Laissez revenir à feu vif.

≫ Quand les supions ont pris une belle coloration, ajoutez les tomates coupées en 2, l'ail haché, le piment écrasé et le persil. Salez et poivrez légèrement.

≫ Donnez encore 4 tours de poêle et servez aussitôt.

Millefeuille
de brocciu et tomates au basilic

Pour 6 personnes

20 mn

0 mn

Ingrédients

> 900 g de brocciu
> 900 g de tomates
> 1 botte de basilic
> 1 gousse d'ail
> Sel et poivre du moulin
> 1 dl d'huile d'olive extra
> Fleur de sel
> 100 g de pignons de pin
> 50 g d'olives noires

Astuces du Chef

Vous pouvez ajouter quelques tomates confites.

Choix du sommelier

Domaine Fiumicicoli rosé de Sartène ou domaine Antoine Arena rouge de Patrimonio

Préparation des tomates

≫ Enlevez le pédoncule des tomates et faites une entaille en croix sur le côté opposé.

≫ Plongez-les dans de l'eau bouillante 15 s et rafraîchissez-les dans de l'eau glacée. Enlevez leur peau (mondez). Coupez en tranches de 1/2 cm d'épaisseur.

≫ Réservez.

Préparation du brocciu

≫ Égouttez le brocciu et coupez-le en tranche de 1/2 cm d'épaisseur.

Montage

≫ Dans des cercles de 8 cm de diamètre, montez en alternant une couche de tomates, une couche de feuilles de basilic et une de brocciu. Salez et poivrez entre chaque couche et ajoutez un trait d'huile d'olive. Répétez l'opération jusqu'à hauteur du cercle. Finissez par une couche de tomates. Tassez bien et réservez au frais.

Préparation du pesto

≫ Effeuillez le basilic en gardant 6 têtes pour la décoration. Passez-le au mixeur avec les pignons, 1 dl d'huile d'olive et l'ail. Salez et poivrez. Le mélange doit devenir onctueux.

≫ Réservez.

Dressage

≫ Sur une assiette, posez le millefeuille à l'aide d'une petite pelle, enlevez délicatement le cercle. Décorez avec les têtes de basilic, les olives noires et arrosez d'un peu de pesto. Saupoudrez d'un peu de fleur de sel.

Charlotte d'aubergines
au brocciu et panzetta grillée

Pour 8 personnes

40 mn 1h30

Ingrédients

Pour la charlotte
> 2 kg d'aubergines
> 600 g de brocciu
> 9 œufs
> Sel, poivre
> Huile d'olive
> Origan sec

Pour le coulis de tomates
> 2 kg de tomates
> 4 gousses d'ail
> 500 g d'oignons
> 1 brin de persil
> 1 feuille de laurier
> 1 pincée de thym
> 3 cuillerées à soupe d'huile d'olive
> 1 morceau de sucre
> 1 petite pincée de piment de cayenne
> Sel, poivre du moulin

Pour l'huile de basilic
> 1 bouquet de basilic
> 30 cl d'huile d'olive
> 1 cuillerée à soupe de pignon de pin

Pour le dressage
> Quelques branches de romarin
> 1 tranche de panzetta

Astuces du Chef

Vous pouvez remplacer le brocciu par du fromage de chèvre frais.

Choix du sommelier

Clos d'Alzeto blanc d'Ajaccio

Préparation du coulis de tomates

» Hachez l'ail et l'oignon.

» Plongez les tomates pendant 20 secondes dans une casserole d'eau bouillante puis passez-les sous l'eau froide. Pelez-les, épépinez-les, puis coupez-les en morceaux.

» Versez l'huile dans une cocotte, faites-y revenir l'oignon et l'ail hachés à feu vif pendant 10 mn. En remuant, ajoutez les tomates, les herbes, le piment et le sucre. Salez et poivrez.

» Laissez mijoter à feu doux et à couvert pendant 1h30 en surveillant la cuisson : le coulis doit être légèrement épais. Passez au mixeur et au chinois.

Préparation des aubergines

» Coupez 1,5 kg d'aubergines en deux dans le sens de la longueur. Quadrillez la chair à l'aide de la pointe d'un couteau, arrosez-les d'huile d'olive et saupoudrez-les de sel. Mettez à cuire au four préchauffé à 220°C pendant 45 mn environ.

» Recueillez ensuite la pulpe, mettez-la dans un saladier avec 5 œufs entiers, 4 jaunes et le fromage. Mélangez bien l'ensemble.

» Rectifiez l'assaisonnement.

» Coupez le reste d'aubergines en fines tranches dans le sens de la longueur, faites-les cuire à l'huile d'olive, puis épongez-les bien avec du papier absorbant.

» Chemisez 8 ramequins beurrés avec les lamelles d'aubergines. Remplissez avec la farce.

» Disposez dans une plaque de cuisson avec un peu d'eau. Mettez au four à 130°C pendant 45 mn.

Préparation de la panzetta

» Taillez la panzetta en tranches fines et faites-les griller sur une plaque à pâtisserie au grill pour qu'elles soient bien croustillantes. Posez-les sur papier absorbant.

Préparation de l'huile basilic

» Blanchissez les feuilles de basilic dans une casserole d'eau bouillante.

» Rafraîchissez-les bien puis mixez-les avec l'huile d'olive et les pignons de pin. Salez.

Dressage

» Disposez une charlotte tiède au milieu de l'assiette piquée avec une panzetta grillée.

» Faites couler la sauce tomate tout autour, ainsi que l'huile de basilic à l'aide d'une cuillère.

» Décorez la charlotte d'une branche de romarin.

Tartare de tomates

et quenelle de fromage de chèvre frais

Pour 4 personnes

45 mn

0 mn

Ingrédients

> 1 kg de tomates bien mûres
> 200 g de chèvre corse frais
> 30 g d'échalotes
> 20 g de gingembre
> 1 cuillère à soupe de miel du niolu
> 1 pointe de safran en poudre
> 80 g d'olives noires dénoyautées
> 1 cl de vinaigre balsamique
> 10 g de concentré de tomates
> Sel, poivre
> 1 gousse d'ail
> 3 cl d 'huile d'olive

Préparation du tartare

» Plongez les tomates dans de l'eau bouillante 15 secondes, puis rafraîchissez-les immédiatement dans de l'eau glacée. Épluchez (mondez) et épépinez-les, puis taillez-les en dés.

» Ciselez les échalotes, hachez le gingembre.

» Mélangez le vinaigre, l'huile d'olive, les échalotes, le gingembre, le concentré de tomates et le miel. Versez le tout sur les tomates. Salez, poivrez et ajoutez le safran.

» Réservez 2 heures au frais.

» Assaisonnez le chèvre frais avec l'ail haché, le sel et le poivre. Battez énergiquement de manière à obtenir une pâte bien lisse.

» Égouttez les tomates, récupérez le jus, ajoutez un peu d'huile d'olive et rectifiez l'assaisonnement.

Dressage

» A l'aide d'un petit cercle, dressez le tartare sur une assiette, posez une quenelle de fromage sur le dessus et arrosez de sauce.

» Décorez avec un bouquet de basilic.

Astuces du Chef

Pour ajouter un peu de croquant au tartare, ajoutez quelques dés de concombre. Régal assuré !

Choix du sommelier

Domaine Abbatucci blanc d'Ajaccio

Terrine de brocciu
aux courgettes et pistaches

Pour 6 personnes

45 mn | 0 mn

Ingrédients

> 500 g de broccio
> 400 g de courgettes
> 20 g de curry
> 3 feuilles de gélatine
> Sel, poivre
> Huile d'olive
> 60 g de pistaches vertes mondées et hachées
> 1 cuillère à soupe de moutarde à l'estragon
> 1 cuillère à soupe de ciboulette hachée

Préparation

≫ Lavez et coupez les courgettes en petits dés, faites-les blanchir 3 mn à l'eau bouillante salée.

≫ Faites refroidir rapidement dans de l'eau glacée, puis égouttez.

≫ Concassez les pistaches. Mettez les feuilles de gélatine à tremper dans un bol d'eau froide.

≫ Passez le broccio au mixeur jusqu'à obtention d'une préparation bien lisse. Prélevez en 1/3, mettez à chauffer et faites-y fondre les feuilles de gélatines égouttées en prenant garde de ne pas trop chauffer.

≫ Mélangez au reste de broccio.

≫ Ajoutez le curry, l'huile d'olive, les pistaches, la moutarde, le sel et le poivre et les courgettes. Mélangez le tout.

Montage de la terrine

≫ Tapissez une terrine de papier film, versez la préparation et réservez au frais 12 h.

≫ Démoulez et servez avec une salade de roquette.

Astuces du Chef

Suivant votre imagination et la saison, changez de légumes (asperges, poivrons, aubergines, etc.).

Choix du sommelier

Clos d'Alzeto rosé d'Ajaccio pour l'été mais un vin blanc se mariera parfaitement aux saveurs de la terrine.

Cannelloni d'aubergines
à l'erbajolu

Pour 4 personnes

45 mn

50 mn

Ingrédients

> 600 g d'aubergines
> 500 g d'erbajolu
(fromage de brebis corse)
> Huile d'olive
> Sel et poivre

Ingrédients pour le coulis de tomates

> 2 kg de tomates
> 4 gousses d'ail
> 500 g d'oignons
> 1 brin de persil
> 1 brin de basilic
> 1 feuille de laurier
> 1 pincée de thym
> 3 cuillerées à soupe d'huile d'olive
> 1 morceau de sucre
> 1 petite pincée de piment de Cayenne
> Sel et poivre du moulin

Préparation du coulis de tomates

» Hachez l'ail et l'oignon.

» Plongez les tomates 20 secondes dans une casserole d'eau bouillante, puis passez-les sous l'eau froide. Pelez et épépinez les tomates avant de les couper en morceaux.

» Versez l'huile d'olive dans une cocotte où vous ferez revenir à feu vif l'oignon et l'ail pendant 10 mn en remuant. Ajoutez les tomates, les herbes, le piment et le sucre. Salez et poivrez.

» Laissez mijoter à feu doux et à couvert pendant 30 mn en surveillant la cuisson. Le coulis doit être un peu épais.

» Passez au mixer puis au chinois.

» Épluchez les aubergines, taillez-les en tranches fines et poêlez-les à l'huile d'olive bien chaude. Égouttez sur du papier absorbant.

Préparation des cannelloni

» Étalez 3 tranches d'aubergine légèrement superposées, posez dessus un bâtonnet de fromage, roulez le tout. Réalisez 12 pièces de cette façon.

» Disposez sur une plaque à rôtir légèrement huilée. Faites cuire à four chaud pendant 5 mn environ.

Dressage

» Versez un peu de coulis de tomates sur le fond de l'assiette et disposez 2 cannelloni. Servez aussitôt.

Astuces du Chef

Ce qui fait l'originalité de cette recette, c'est l'utilisation du fromage de brebis corse. Vous pouvez néanmoins le remplacer par un fromage de chèvre mélangé à de la fleur de thym.

Choix du sommelier

Domaine Gentile blanc
de Patrimonio

Brocciu ou brousse
à la liqueur d'arbouse

Pour 8 personnes

10 mn

0 mn

Ingrédients

> 1 brocciu de 500 g
> De la liqueur d'arbouse
> 1 botte de persil plat
> 8 gousses d'ail
> 20 g de fleur de sel
> 20 g de poivre blanc et noir concassé
> 4 dl d'huile d'olive
> 1 gros pain frais de campagne à mie épaisse

Préparation

» Lavez et effeuillez le persil plat, hachez-le.

» Épluchez l'ail, enlevez les germes, écrasez les gousses avec le plat d'un grand couteau, mélangez-les au persil haché.

» Ajoutez 1 dl d'huile d'olive, salez et poivrez.

» Présentez le brocciu (saison d'octobre à avril) ou la brousse (saison d'avril à septembre) accompagné de persillade et d'huile d'olive.

» Coupez de fines tranches de brocciu, posez-les sur des tranches de pain et arrosez de persillade. Saupoudrez une pincée de poivre concassé et une pincée de fleur de sel, ajoutez un trait de liqueur d'arbouse.

Astuces du Chef

Cette recette est une préparation idéale pour un brunch matinal.

Choix du sommelier

Domaine Fiumicicoli rosé de Sartène

Gaspacho de melon
au muscat du Cap et prisuttu

Pour 4 personnes

20 mn

0 mn

Ingrédients

> 1,5 kg de melons parfumés
> 250 g de prisuttu
> 3 dl de muscat du cap
> 1 bouquet de menthe

Préparation du melon

» Pelez et épépinez les melons. À l'aide d'une cuillère parisienne, prélevez 28 petites boules de melon, réservez-les au frais. Taillez 16 cubes de melon, réserver. Mixez le reste du melon avec le muscat, une pincée de sel et mettez cette préparation au frais.

Préparation de brochettes

» Taillez 16 morceaux de prisuttu en cubes. Prenez 4 brochettes en bois et piquez les cubes de melon et jambon en finissant par une branche de menthe fraîche.

Dressage

» Prenez 4 coupes bien froides, versez le gaspacho de melon, incorporez les billes de melon, positionnez les brochettes sur chaque coupe et servez très frais.

Astuces du Chef

Pour l'esthétique, ajoutez quelques billes de melon blanc.

Choix du sommelier

Domaine Antoine Arena muscat de Patrimonio

Velouté de châtaignes
et petits croûtons à l'huile de noix

Pour 6 personnes

40 mn | 1h30

Ingrédients

> 1 kg de châtaignes sous-vide
> 1/2 branche de céleri
> 2 dl de crème liquide
> 25 g de fond blanc en poudre
> 4 gousses d'ail
> 1 petite branche de céleri
> 1 couenne de panzetta
> 2 cl d'huile de noix

Cuisson de la soupe

» Dans une cocotte, déposez les châtaignes, le céleri branche lavé et les gousses d'ail épluchées.

» Mouillez avec 2 l d'eau dans lequel vous aurez délayé le fond blanc.
Salez, poivrez et laissez cuire à feu doux pendant 1h00.

» Enlevez le céleri branche et passez la préparation au mixeur.

» Ajoutez les 2 dl de crème liquide. Portez à ébullition et laissez frémir pendant 30 mn en remuant souvent.

» Rectifiez l'assaisonnement.

» Servez avec des croûtons de pain de campagne grillés arrosés d'huile de noix.

Astuces du Chef

Pour une soupe plus rustique, vous pouvez ajouter des haricots coco rosés que vous ferez cuire à part.

Choix du sommelier

Domaine Abbatucci blanc d'Ajaccio

Les Pâtes et Risottos

Risotto aux asperges vertes

Pour 6 personnes

20 mn 25 mn

Ingrédients

> 700 g de riz arborio
> 2 dl de vin blanc
> 100 g d'oignons hachés
> 800 g d'asperges vertes
> 2 cuillères à soupe de persil haché
> 80 g de beurre
> Sel, poivre
> 1 l de bouillon de volaille
> 50 g de tome sèche corse râpée

Astuces du Chef

Vous pouvez aussi utilisez pour cette recette des asperges sauvages.

Choix du sommelier

Domaine Gentile sélection noble blanc de Patrimonio

Préparation des asperges

≫ Épluchez les asperges, lavez-les. Portez à ébullition une grande quantité d'eau et jetez-y les asperges.

≫ Laissez cuire 8 mn, égouttez les asperges et rafraîchissez-les à l'eau glacée pour conserver une belle couleur verte.

≫ Taillez les pointes d'asperges sur 4 cm, coupez le reste en petits morceaux. Passez le tout au mixeur afin d'obtenir une purée.

≫ Réservez.

Cuisson du riz

≫ Faites revenir les oignons dans une cocotte avec un peu de beurre, ajoutez le riz, puis laissez revenir en remuant 3 mn. Assaisonnez.

≫ Déglacez avec le vin blanc, ajoutez la purée d'asperge et faites cuire doucement, environ 20 mn en incorporant petit à petit le bouillon de volaille.

≫ En fin de cuisson ajoutez les pointes d'asperges. Mettez-en quelques-unes de côté pour la décoration.

≫ Le riz doit rester croquant et crémeux.

≫ Incorporez hors du feu le restant de beurre et le persil haché.

≫ Pour terminer, décorez avec les copeaux de tome les pointes d'asperges.

Risotto aux cèpes

Pour 6 personnes

25 mn

20 mn

Ingrédients

> 700 g de riz arborio
> 2 dl de vin blanc
> 100 g d'oignons hachés
> 800 g de cèpes
> 2 cuillères à soupe de persil haché
> 80 g de beurre
> Sel, poivre
> 1 l de bouillon de volaille
> 50 g de tome sèche corse râpée

Préparation des cèpes

≫ Nettoyez les cèpes, coupez-les en lamelles.

≫ Faites-les revenir au beurre, assaisonnez puis réservez.

Préparation du riz

≫ Faites revenir les oignons hachés dans une cocotte avec un peu de beurre.

≫ Ajoutez-y le riz, laissez revenir en remuant 3 mn. Assaisonnez.

≫ Déglacez avec le vin blanc puis ajoutez les cèpes. Faites cuire doucement, environ 20 mn, en incorporant petit à petit le bouillon de volaille et en remuant constamment.

≫ Le riz doit rester croquant et crémeux.

≫ Incorporez hors du feu le restant de beurre, la tome corse râpée et le persil haché.

Astuces du Chef

Vous pouvez utiliser de la truffe noire à la place des cèpes.
Celle-ci doit être coupée en fines lamelles sur chaque assiette au moment de servir.

Choix du sommelier

Domaine Alzipratu rouge de Calvi

Risotto safrané
aux figatelles

Pour 6 personnes

20 mn
25 mn

Ingrédients

> 700 g de riz arborio
> 2 dl de vin blanc
> 100 g d'oignons hachés
> 2 pincées de safran
> 1 kg de figatelles
> 2 cuillères à soupe de persil haché
> Sel, poivre
> 80 g de beurre
> 1 l de bouillon de légumes ou de volaille

Préparation des figatelles

≫ Faites cuire les figatelles dans une poêle environ 8 mn.

≫ Réservez.

Préparation du riz

≫ Faites revenir les oignons dans une cocotte avec un peu de beurre puis ajoutez-y le riz. Laissez revenir le tout en remuant 3 mn.

≫ Assaisonnez.

≫ Déglacez avec le vin blanc puis ajoutez le safran. Faites cuire environ 20 mn, en incorporant petit à petit le bouillon.

≫ Le riz doit rester croquant et crémeux, assaisonnez.

≫ Hors du feu, incorporez les 80 g de beurre et le persil haché.

≫ Coupez les figatelles en tronçons ou en rondelles et mélangez-les au riz.

≫ Servez.

Astuces du Chef

Vous pouvez cuire les figatelles coupées en tronçons directement dans le riz, dans ce cas le goût de fumé est plus prononcé mais l'aspect du plat est moins présentable.

Choix du sommelier

Domaine Alzipratu de Calvi ou domaine Pero Longo de Sartène

Ravioli au brocciu

Pour 6 personnes

1 h | 8 mn

Ingrédients

Pour la farce
> 500 g de brocciu
> 1 botte de menthe fraîche
> 2 bottes de blettes
> Noix de muscade
> Népita
> Sel et poivre

Pour la pâte à ravioli
> 500 g de farine
> 2 jaunes et 4 blancs d'œufs
> 200 g de tomates cerises
> 2 cuillerées à soupe d'huile d'olive
> 15 à 20 cl d'eau tiède

Astuces du Chef

Vous pouvez les faire gratiner avec un peu de tome corse.

Choix du sommelier

Domaine Saparale rouge de Sartène

Préparation de la farce au brocciu

≫ Enlevez le vert des blettes puis lavez-les. Égouttez-les et ciselez-les grossièrement.

≫ Dans une casserole, faites revenir les blettes pendant 5 mn. Salez et poivrez. Égouttez et laissez refroidir.

≫ Égouttez le brocciu. Effeuillez et hachez la menthe fraîche.

≫ Écrasez le brocciu avec la menthe, les verts de blettes, la népita, une pincée de noix de muscade et 2 jaunes d'œuf.

Préparation de la pâte à ravioli

≫ Dans un saladier, mélangez les jaunes et les blancs à la farine en incorporant petit à petit l'eau, l'huile d'olive et le sel.

≫ Laissez reposer à température ambiante pendant 2 h.

Confection des ravioli

≫ Étalez finement la moitié de la pâte à ravioli.

≫ Répartissez de petites boules de farce au brocciu avec une cuillère à café.

≫ Mouillez légèrement le contour des ravioli et étalez le reste de la pâte pour recouvrir la farce.

≫ Appuyez bien la pâte tout autour de la farce afin de bien refermer.

≫ Découpez à l'aide d'une roulette dentelée ou d'un emporte-pièce rond et cannelé.

Cuisson

≫ Plongez les ravioli dans l'eau bouillante pendant 8 mn environ, puis égouttez-les.

≫ Dans une poêle, faites sauter vivement les tomates cerises, ajoutez les ravioli.

≫ Donnez un tour de poêle et servez.

Cannelloni aux légumes

et tome corse

Pour 6 personnes

30 mn | 2 h

Ingrédients

> 16 feuilles de pâtes à lasagnes
> 1,5 kg d'aubergines
> 200 g de courgettes
> 100 g de tomates semi confites
> 120 g de tome corse
> 3 dl d'huile d'olive
> 1 branche de basilic
> Sel, poivre du moulin
> 100 g d'olives noires dénoyautées

Pour le coulis de tomates

> 1 kg de tomates
> 1 gousse d'ail
> 250 g d'oignons
> 1 brin de persil
> 1 feuille de laurier
> 2 cuillères à soupe d'huile d'olive
> 1 morceau de sucre
> 1 petite pincée de piment de Cayenne
> Sel, poivre du moulin

Préparation du coulis de tomates

» Hachez l'ail et les oignons.

» Plongez les tomates pendant 20 secondes dans une casserole d'eau bouillante et rafraîchissez-les dans de l'eau glacée.

» Enlevez la peau et épépinez les tomates avant de les couper en dés.

» Faites revenir dans une cocotte avec un peu d'huile d'olive les oignons et l'ail hachés, à feu vif, pendant 10 mn en remuant.

» Ajoutez les tomates, les herbes, le piment et le sucre. Salez et poivrez.
Laisser mijoter à feu doux et à couvert pendant 1h30.

» Passez le tout au mixeur puis au chinois.

Préparation de la farce à lasagnes

» Coupez 1,2 kg d'aubergines en deux dans le sens de la longueur et quadrillez la chair à l'aide de la pointe d'un couteau. Arrosez-les d'huile d'olive, salez et poivrez. Mettez-les à cuire au four pendant 25 mn à 220°C.

» Laissez refroidir et enlevez la chair. Hachez au couteau et réservez.

» Taillez en fine mirepoix le reste d'aubergines et les courgettes. Faites-les revenir à l'huile d'olive. Les légumes doivent rester croquants, égouttez-les.

» Dans un saladier, mélangez cette mirepoix avec la pulpe d'aubergines.
Ajoutez le basilic.

» Hachez les tomates semi-confites et les olives noires concassées.

Montage des cannelloni

» Plongez les feuilles de lasagnes 5 mn dans de l'eau bouillante salée, puis rafraîchissez-les dans l'eau glacée.

» Étalez les feuilles à lasagnes, farcissez-les avec les légumes et roulez-les.

» Disposez les cannelloni dans un plat à gratin et nappez-les de sauce tomate.
Parsemez de tome corse râpée.
Passez au four à 180°C, 15 mn environ.

Astuces du Chef

Vous pouvez aussi ajouter un filet d'huile d'olive pour ensoleiller la recette.

Choix du sommelier

Orenga de Gaffory rosé de Patrimonio

Rigatoni
aux calamars

Pour 6 personnes

20 mn | 15 mn

Ingrédients

> 600 g de rigatoni
> 600 g de calamars
> 5 cl de sauce tomate
> 100 g de tomates fraîches
> 2 gousses d'ail
> 2 cuillerées à soupe de persil haché
> 1 piment langue d'oiseau (cayenne)

Préparations des calamars

» Dans une grande poêle, faites revenir à feu vif les calamars.

» Ajoutez la sauce tomate, l'ail écrasé et concassé, le piment de Cayenne et les tomates coupées en deux.

» Salez et poivrez. Réservez.

Cuisson des rigatoni

» Dans une grande quantité d'eau bouillante, faites cuire pendant 10 mn les rigatoni avec un filet d'huile d'olive. Égouttez-les.

» Dans une poêle, versez les rigatoni et les calamars. Passez à feu vif et mélangez le tout. Ajoutez un filet d'huile d'olive.

» À servir très chaud !

Astuces du Chef

Donnez une petite note de fraîcheur supplémentaire en ajoutant au dernier moment un peu de persil plat concassé ou de la coriandre fraîche.

Choix du sommelier

Clos d'Alzeto blanc d'Ajaccio

Tagliatelles à l'encre de seiche
coques, calamars et crevettes

Pour 6 personnes

30 mn 15 mn

Ingrédients

> 900 g de tagliatelles à l'encre de seiche
> 500 g de coques
> 400 g de crevettes roses
> 500 g de calamars
> 1 dl de vin blanc sec
> 1 dl de sauce tomate
> 1 échalote ciselée
> 150 g de tomates cerises grappes
> 2 gousses d'ail
> 2 cl d'huile d'olive
> 1 piment langue d'oiseau
> Sel et poivre

Préparation des coquillages

≫ Lavez les coques et mettez-les dans une casserole avec le vin blanc et l'échalote ciselée. Faites ouvrir les coquillages sur le feu.

≫ Vérifiez qu'il n'y ait pas de sable au fond de la casserole, sinon rincez les coques à l'eau froide et passez le jus au chinois fin.

≫ Réservez.

≫ Décortiquez les crevettes et réservez-les.

Préparation des calamars

≫ Enlevez le bec, les yeux et la plume. Lavez les calamars à grande eau.

≫ Coupez-les en tronçons et blanchissez-les à l'eau bouillante pendant 1 mn. Égouttez et réservez.

Préparation de la sauce

≫ Dans une grande poêle, faites chauffer 1 cl d'huile d'olive, ajoutez les 2 gousses d'ail, faites-les roussir et enlevez-les. Ajoutez les tomates cerises coupées en deux, que vous faites colorer. Ajoutez le jus de tomates et le jus des coques, faites réduire au 3/4.

Cuisson des tagliatelles

≫ Dans une grande quantité d'eau bouillante salée, ajoutez un trait d'huile d'olive, plongez les tagliatelles et faites-les cuire 4 ou 5 mn.

Finition

≫ Égouttez les pâtes et mettez-les dans la sauce avec les crevettes et les coques. Mélangez le tout délicatement et ajoutez le piment langue d'oiseau écrasé. Rectifiez l'assaisonnement et servez le plat sans attendre.

Astuces du Chef

On trouve chez de bons poissonniers de l'encre de seiche en petit sachet. Dans ce cas, utlisez plutôt des pâtes blanches.

Choix du sommelier

Clos Culombu prestige blanc de Calvi

Garganelli au fromage

Pour 4 personnes

15 mn

8 mn

Ingrédients

> 700 g de garganelli
> 200 g de vielle tome corse râpée
> 200 g de crème fleurette
> 50 g de fromages pâte forte corse
> 100 g de ricotta
> 50 g de broccio

Préparation du fromage

» Coupez le brocciu en petits dés, mélangez-le à la crème fleurette, le ricotta et la pâte forte.

» Faites fondre le tout au bain-marie, en remuant. À la fin, ajoutez la gousse d'ail écrasée et une pincée de muscade râpée.

Cuisson des garganelli

» Dans une grande casserole, mettez de l'eau à bouillir, salez et versez un trait d'huile d'olive. Versez en pluie les garganelli. Faites cuire à gros bouillons pendant 6 mn environ. Égouttez.

» Remettez les garganelli dans la casserole avec la crème de fromages fondus.

» Ajoutez un peu de tome râpée, remuez et réservez au chaud.

» Taillez des copeaux de tome corse et parsemez-les sur les pâtes.

» Servez bien chaud.

Astuces du Chef

Vous pouvez varier la recette en utilisant d'autres fromages (gorgonzola, mascarpone).

Choix du sommelier

Orenga de Gaffory rouge de Patrimonio

Garganelli
aux petits légumes

Pour 6 personnes

20 mn 15 mn

Ingrédients

> 900 g de garganelli
> 150 g de pâtissons jaunes
> 150 g de pâtissons verts
> 150 g de pois gourmands
> 20 pièces d'asperges vertes
> 150 g de tomates cerises grappes
> 2 cl d'huile d'olive
> 1 gousse d'ail
> 80 g d'oignons

Préparation des légumes

» Lavez tous les légumes.

» Faites-les cuire séparément, à l'eau bouillante salée, environ 4 mn pour les pâtissons, 3 mn pour les pois gourmands, 5 mn pour les pointes d'asperges vertes.

» Refroidissez le tout dans de l'eau glacée, égouttez.

» Coupez en deux les pâtissons.

Préparation de la sauce

» Épluchez et émincez finement l'oignon, dans une poêle avec un peu d'huile d'olive.

» Faites revenir sans coloration avec la gousse d'ail écrasée, ajoutez les tomates cerises lavées et coupées en deux. Faites cuire à feu doux 15 mn, salez et poivrez.

Finition

» Faites cuire les pâtes 8 à 10 mn à l'eau bouillante salée.
Pendant ce temps ajoutez les légumes à la sauce et faites chauffer.

» Égouttez les pâtes et ajoutez-les à la préparation, mélangez le tout.

» Rectifiez l'assaisonnement et servez aussitôt.

Astuces du Chef

Au moment de servir, ajoutez de fines tranches de panzetta grillées sur les garganelli.

Choix du sommelier

Rosé Orenga de Gaffory

Spaghetti à l'espadon

Pour 6 personnes

15 mn 15 mn

Ingrédients

> 700 g de spaghetti
> 600 g d'espadon
> 200 g de courgettes
> 200 g de carottes
> 2 pointes de couteau de safran en poudre
> 1 cuillère à soupe de persil haché
> 2 cl d'huile d'olive
> 1 cl de sauce tomates
> 50 g de tomates semi-confites

Astuces du Chef

Faites bien réduire la sauce, elle doit être très concentrée, presque caramélisée !

Choix du sommelier

Domaine Gentile blanc de Patrimonio

Préparation des légumes

» Lavez les courgettes, passez-les à la mandoline afin d'obtenir des lanières, puis faites de même pour les carottes.

» Réservez.

Préparation de l'espadon

» Taillez l'espadon en petits dés de 1cm de côté, puis faites colorer les dés à la poêle à l'huile d'olive. Enlevez les morceaux.

» Ajoutez les lamelles de carottes et de courgettes et faites-les cuire 10 mn, en remuant et à feu doux.

» Ajoutez les tomates semi-confites, 1 cl de vin blanc, le safran. Faites réduire presque à sec puis ajoutez l'espadon.

Cuisson des pâtes

» Dans une grande quantité d'eau bouillante salée, faites cuire les pâtes 8 à 10 mn.

Finition

» Égoutez les pâtes, versez-les dans la poêle avec la sauce. Remuez le tout sur feu vif, saupoudrez de persil haché, rectifiez l'assaisonnement et servez aussitôt.

Tagliatelles au basilic

Pour 6 personnes

10 mn 10 mn

Ingrédients

> 900 g de tagliatelles fraîches au basilic
> 2 bottes de basilic
> 2 gousses d'ail
> 100 g de pignons de pin
> 100 g de vieille tomme corse râpée
> 2 dl d'huile d'olive extra Terra Rossa

Astuces du Chef

Pour que le pesto conserve sa couleur verte, évitez de trop le chauffer.

Choix du sommelier

Clos Reginu "E Prove" rosé de Calvi

Préparation du pesto

≫ Lavez et effeuillez le basilic, broyez-le au mixeur avec les 2 gousses d'ail, les 100 g de pignons de pin et les 2 dl d'huile d'olive.

≫ Ajoutez la tomme corse râpée. Salez et poivrez.

≫ Réservez.

Cuisson des pâtes

≫ Faites cuire les pâtes al dente dans une grande quantité d'eau salée pendant environ 8 mn.

≫ Faites chauffer dans un grand récipient le pesto. Égouttez les pâtes et mélangez-les délicatement avec le pesto. Rectifiez l'assaisonnement. Le tout doit être bien lié et onctueux.

Dressage

≫ Servez les pâtes en assiettes creuses, accompagnées de tomme corse râpée et d'huile d'olive extra Terra Rossa.

Fettucine aux langoustines
et noix de Saint-Jacques

Pour 6 personnes

45 mn — 35 mn

Ingrédients

> 900 g de fettucine
> 18 pièces de langoustines
> 18 noix de Saint-Jacques
> 1 branche d'estragon
> 1 cl d'huile d'olive
> Sel et poivre du moulin

Crème de langoustine

> 200 g de tomates cerises
> 20 g d'échalotes ciselées
> 1 dl de vin blanc sec
> 1 cl d'huile d'olive
> 1 zest d'orange
> 1 pointe de couteau de safran
> 1 dl de crème fluide

Préparation des langoustines et noix de Saint Jacques

» Séparez les têtes des queues de langoustines. Enlevez la carapace des queues. Réservez au frais. Gardez 6 têtes pour la décoration.

» Votre poissonnier aura décoquillé les noix de Saint-Jacques. Lavez-les à grande eau et égouttez-les sur papier absorbant.

Préparation de la crème de langoustines

» Faites chauffer de l'huile d'olive dans une sauteuse, ajoutez les têtes de langoustines. Faites-les revenir à feu vif puis écrasez-les grossièrement avec un pilon en bois.

» Ajoutez l'échalote ciselée, les tomates cerises coupées en deux. Laissez revenir environ 10 mn et déglacez avec le vin blanc. Ajoutez la crème, complétez, à hauteur des langoustines avec de l'eau, ajoutez le safran, salez, poivrez et faites cuire à feu doux pendant 35 mn.

» Donnez un tour de mixer et passez au chinois fin.

» Réservez

Cuisson des langoustines et noix de Saint-Jacques

» Dans une grande poêle avec peu d'huile, faites colorer les noix de Saint-Jacques et les langoustines.

» Ajoutez la crème de crustacés que vous portez à ébullition puis arrêtez.

Cuisson des pâtes

» Dans une grande quantité d'eau salée faites cuire les pâtes 10 mn, égouttez-les puis versez-les sur la crème de langoustines. Mélangez le tout.

» Servez immédiatement !

Astuces du Chef

Pour que les langoustines et les noix de Saint-Jacques gardent tout leur fondant, ne les faites pas trop cuire.

Choix du sommelier

Domaine Abbatucci blanc d'Ajaccio

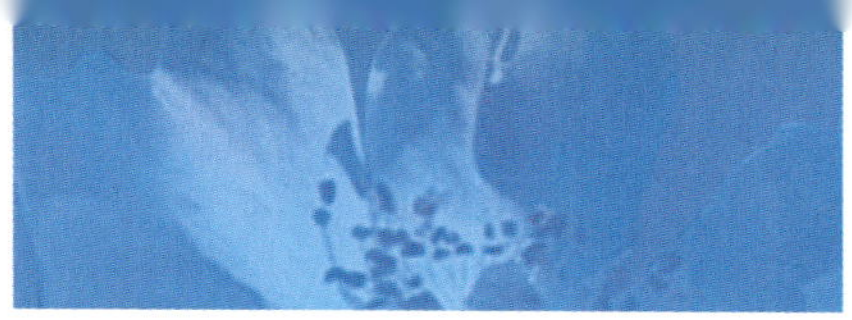

Les Poissons

Pavé de cabillaud
à la fondue de poireaux

Pour 6 personnes

40 mn
1h30

Ingrédients

> 4 pavés de cabillaud de 200 g
> 1 kg de poireaux
> 20 g de beurre
> 10 cl d'huile d'olive
> 1/2 cuillerée à café de curry
> 1 dosette de safran
> le jus de 2 citrons
> 1/2 cuillerée à café de concentré de tomate
> 100 g de fleur de sel

Préparation

» Soupoudrez le fond d'une assiette de fleur de sel. Posez-y les pavés de cabillaud côté peau et soupoudrez de nouveau les pavés d'une grosse cuillerée de fleur de sel.

» Réservez pendant 20 mn.

» Lavez et émincez les poireaux. Égoutez-les bien.

» Dans une sauteuse, faites fondre le beurre et ajoutez les poireaux, salez et poivrez.

» Faites cuire à feu vif pendant environ 10 mn, les poireaux doivent rester verts et croquants.

Préparation de la sauce

» Dans un mixeur, mélangez le jus de citron, le curry, le safran, le concentré de tomate, une pincée de sel et de poivre. Mixez le tout et incorporez petit à petit l'huile d'olive afin d'obtenir une belle émulsion.

» Réservez à température ambiante.

Cuisson des pavés de cabillaud

» Rincez les pavés à l'eau froide et faites-les bien sécher.

» Saisissez les pavés côté peau dans une poêle anti-adhésive avec un trait d'huile d'olive, ne les salez pas. Lorsque les pavés sont bien dorés, laissez finir la cuisson au four préchauffé à 160°C pendant 10 mn.

Dressage

» Dans 4 assiettes, disposez la fondue de poireaux au centre, posez dessus un pavé, versez la sauce tout autour à l'aide d'une cuillère. Déposez une pincée de fleur de sel sur le pavé.

Astuces du Chef

Vous pouvez, si vous le désirez, remplacer le pavé de cabillaud par un pavé de loup.

Choix du sommelier

Domaine Gentile blanc de Patrimonio

Daurade royale au four,
parfumée au fenouil

Pour 6 personnes

20 mn 30 mn

Ingrédients

> 2 kg environ de daurade royale
> 3 citrons non traités
> 2 pincées de safran pistil
> 1 bouquet de branches de fenouil et 1 bulbe de fenouil
> 100 g de tomates cerises
> 75 cl de vin blanc
> 3 cl d'huile d'olive
> Sel et poivre
> Une gousse d'ail
> Thym et laurier

Préparation de la daurade

» Écaillez et videz la daurade, puis rincez-la. Incisez le dos sur une profondeur de 1 cm. Salez et poivrez.

» Farcissez le ventre avec les branches de fenouil, la gousse d'ail, le thym et le laurier.

» Disposez la préparation dans un plat à four huilé. Ajoutez les tomates cerises coupées en deux et les citrons coupés en rondelles épaisses.

» Saupoudrez de safran pistil, ajoutez le vin blanc, 2 cl d'huile d'olive et le bulbe de fenouil coupé grossièrement.

Cuisson

» Enfournez à thermostat 6 pendant 30 mn. Arrosez de temps en temps.

» Servez la daurade dans le plat de cuisson.

Astuces du Chef

Pour la garniture, passez dans la sauce des rondelles de pommes de terre déjà cuites, elles vont s'imbiber du jus.

Choix du sommelier

Domaine Abbatucci blanc d'Ajaccio ou un blanc de Sartène

Calamars farcis

Pour 8 personnes

45 mn 20 mn

Ingrédients

> 1 kg de calamar
> 200 g de carottes
> 200 g de courgettes
> 80 d'échalotes
> 4 cuillères à soupe de persil haché
> 3 gousses d'ail
> 100 g de riz
> 2 pincées d'herbes de Provence
> 3 cl d'huile d'olive

Préparation des calamars

» Nettoyez les calamars, séparez la tête des poches, retirez la plume et l'intérieur des poches.

» Supprimez les yeux et le bec des têtes, lavez le tout à grande eau. Égouttez.

Préparation de la farce

» Faites cuire le riz, égouttez, réservez.

» Hachez les carottes, les courgettes, les échalotes, l'ail, les têtes de calamars et dans une cocotte, faites revenir le tout à l'huile d'olive, à feu doux environ 10 mn.

» Laissez refroidir et mélangez au riz, assaisonnez de sel, poivre et herbes de Provence.

» Farcissez les calamars et fermez les poches à l'aide d'un petit pic en bois.

» Placez-les dans un plat huilé et faites cuire au four à 160°C environ, 15 à 20 mn en arrosant.

» Servez avec une crème de crustacés ou une persillade.

Astuces du Chef

Laissez refroidir les calamars et mangez-les en salade.

Choix du sommelier

Domaine Culombu blanc cuvée prestige de Calvi

Pavé de thon poêlé
au tianu de légumes

Pour 6 personnes

30 mn
15 mn

Ingrédients

> 4 pavés de thon épais de 200 g
> 200 g de courgettes
> 200 g d'aubergines
> 200 g de tomates
> 500 g d'oignons
> 3 pincées d'origan
> 3 cl d'huile d'olive
> Fleur de thym et poivre mignonette blanc et noir
> Fleur de sel

Astuces du Chef

Faites cuire les pavés de thon saignants.
Trop cuits, ils deviennent secs.

Choix du sommelier

Domaine San Michele rouge de Sartène

Préparartion des tianus de légumes

» Épluchez et émincez les oignons. Faites-les revenir à feu doux et laissez-les compoter avec une pincée de fleurs de thym.

» Salez et poivrez. Réservez.

» Coupez en rondelles les courgettes et les aubergines. Saisissez-les à l'huile d'olive.

» Égouttez sur du papier absorbant.

» Coupez les tomates en rondelles.

» À l'aide d'un cercle, façonnez les tianus : disposez au fond la purée d'oignons, puis les rondelles de tomates et enfin les courgettes et les aubergines. Salez et poivrez.

» Faites cuire au four préchauffé à 160°C pendant 10 mn.

» Réservez.

Préparartion du thon

» Salez et poivrez les pavés de thon, faites-les saisir à l'huile d'olive et cuire 4 mn de chaque côté.

» Réservez.

Dressage

» Disposez un tianu de légumes par assiette.

» Prennez le thon délicatement à l'aide d'une spatule large et déposez-le dans l'assiette à côté du tianu, arrosé d'huile d'olive Terra Rossa.

» Soupoudrez de poivre mignonette blanc et noir et de fleur de sel.

Filets de rougets barbet
au fenouil et tomates confites

Pour 6 personnes

40 mn
1h30

Ingrédients

> 4 rougets barbet de 250 g chacun, levés par votre poissonnier
> 500 g de fenouils bulbes
> 300 g de tomates fraîches
> 50 g de tomates confites
> 50 g d'olives noires
> 20 g d'échalotes
> 1 cuillerée à soupe de vinaigre balsamique
> 1 dosette de safran en poudre
> 5 cl d'huile d'olive
> 5 cl d'huile de noix

Astuces du Chef

Afin que les tomates gardent leur croquant, plongez-les dans l'eau avec des glaçons aussitôt après la sortie de l'eau bouillante. Vous pourrez ensuite les monder (peler).

Choix du sommelier

Domaine Leccia blanc
de Patrimonio

Préparation de la sauce

» Mondez et épépinez les tomates, coupez-les en petits dés.

» Coupez en petits dés les tomates confites.

» Concassez grossièrement les olives noires dénoyautées.

» Mélangez le tout avec l'huile d'olive, l'huile de noix, le vinaigre balsamique, l'échalote ciselée et le safran. Salez et poivrez.

» Réservez dans un endroit tiède.

Préparation de la fenouil bulbe

» Lavez les bulbes, coupez-les en tranches d'1 cm d'épaisseur environ dans le sens de la longueur.

» Plongez-les 3 mn dans une casserole d'eau bouillante salée.
Égouttez puis épongez-les dans du papier absorbant.

» Dans une poêle anti-adhésive, versez un trait d'huile d'olive et 3 pincées de safran. Chauffez légèrement la poêle, ajoutez les tranches de fenouil et laissez cuire doucement pendant 3 mn de chaque côté.

» Salez, poivrez. Réservez.

La cuisson des rougets

» Salez et poivrez les filets sur les deux faces, faites-les cuire dans une poêle anti-adhésive bien chaude avec un trait d'huile d'olive en commençant côté peau, 2 mn de chaque côté. Égouttez-les sur du papier absorbant.

Dressage

» Disposez le fenouil sur une assiette, déposez les filets de rougets. Nappez de la sauce et décorez de branches d'origan.

Truite en filets poêlée

au patrimonio et panzetta

Pour 6 personnes

40 mn

35 mn

Ingrédients

> 6 truites
> 150 g d'oignons grelots
> 100 g de panzetta
> 150 g de champignons
> 30 cl de patrimonio
> 40 g d'échalotes
> 2 cl de fond de veau
> 1 cuillerée à soupe de persil haché
> 2 cl d'huile d'olive
> Thym et laurier

Astuces du Chef

Si vous voulez relever le goût, bien faire griller la panzetta à l'huile d'olive.

Choix du sommelier

Orenga de Gaffory blanc de Patrimonio

Préparation de la garniture

» Pour ne pas pleurer en épluchant les oignons grelots, plongez-les dans de l'eau tiède légèrement vinaigrée puis égouttez-les.

» Mettez-les dans une casserole avec une noix de beurre, 1 cuillère à soupe de sucre et 4 cl d'eau. Laissez cuire jusqu'à évaporation de l'eau, les oignons doivent caraméliser légèrement.

» Réservez.

» Lavez les champignons, coupez-les en quartiers et faites-les sauter vivement à l'huile.

» Réservez.

» Taillez de petits lardons dans la panzetta, mettez-les dans une casserole avec de l'eau que vous portez à ébullition afin de les blanchir, puis rafraîchissez-les et égouttez-les. Faites-les sauter à feu vif.

» Mélangez les oignons avec les champignons et les lardons.

» Réservez.

Préparation des truites

» Poêlez les filets 2 mn de chaque côté.

» Réservez.

» Dégraissez la poêle. Faites suer les échalotes ciselées. Déglacez au patrimonio, ajoutez l'ail écrasé, 1 branche de thym et une feuille de laurier, 2 cl de fond de veau. Faites réduire de moitié. Rectifiez l'assaisonnement.

Dressage

» Posez les truites sur une assiette, parsemez la garniture et arrosez avec un peu de sauce. Décorez de persil haché.

Pavé de cabillaud

sur pommes de terre écrasées à l'huile d'olive Terra Rossa

Pour 6 personnes

15 mn   10 mn

Ingrédients

> 4 pavés de cabillaud de 220 g bien épais, taillés dans des poissons de 6 à 8 kg
> 700 g de pommes de terre
> 15 cl d'huile d'olive Terra Rossa
> 30 g de beurre
> 10 cl de crème fleurette
> 4 pincées de fleur de sel
> 2 gousses d'ail
> 1 bouquet de thym

Cuisson des pommes de terre

» Mettez les pommes de terre à cuire avec le thym et l'ail dans de l'eau salée.

» Égouttez-les puis placez-les sur une plaque. Faites-les séchez au four (150°C), pendant environ 10 mn.

» Retirez l'ail et le thym, écrasez les pommes de terre à la fourchette en incorporant petit à petit l'huile d'olive et la crème fleurette. Rectifiez l'assaisonnement.

» Réservez.

Cuisson des pavés

» Salez et poivrez les pavés de cabillaud, faites cuire à la poêle anti-adhésive 4 mn à feu doux de chaque côté, en commençant par le côté peau.

Dressage

» Déposez les pavés sur les pommes de terre, côté peau sur le dessus.

» Arrosez d'un filet d'huile d'olive et saupoudrez de fleur de sel.

Astuces du Chef

La pomme de terre peut être remplacée par n'importe quel autre légume, à condition qu'il soit cuit à la vapeur ou bouilli et accompagné d'un filet d'huile d'olive.

Choix du sommelier

Clos Canarelli blanc
de Porto Vecchio

Tianu
de poissons de roches aux haricots blancs

Pour 8 personnes

1h — 45 mn

Ingrédients

> 1 kg de haricots blancs type soissons
> 1 kg de rouget
> 1 kg de rascasse
> 1 kg de daurade
> 1 kg de pageot
> 5 gousses d'ail
> Herbes corses (thym, romarin, népita)
> 3 cl d'huile d'olive
> Sel et poivre

Ingrédients pour la soupe de poissons

> 1 kg de poissons de roche
> 500 g de tomates
> 2 oignons
> 3 gousses d'ail
> 20 cl d'huile d'olive
> 1 pincée de safran
> 1 bulbe de fenouil
> 1 branche de thym
> 2 feuilles de laurier
> 1 branche de romarin
> 0,5 l de vin blanc
> Sel et poivre

Astuces du Chef

Vous pouvez préparer la soupe de poisson la veille. C'est plus pratique et c'est meilleur.

Choix du sommelier

Domaine Capitoro rosé d'Ajaccio

La veille

≫ Faites tremper les haricots dans un bac d'eau froide.

Préparation de la soupe de poissons

≫ Videz, écaillez et lavez les poissons.

≫ Épluchez et taillez les oignons, le fenouil et l'ail en dés.

≫ Faites-les revenir dans une grande sauteuse avec de l'huile d'olive.

≫ Ajoutez les poissons, le safran, le thym, le laurier, le romarin, les tomates et le vin blanc. Complétez avec de l'eau et laissez cuire à feu moyen pendant 45 mn.

≫ Mixez et tamisez à l'aide d'un chinois.

Préparation des poissons

≫ Videz et écaillez les poissons et levez-les en filet. Vous pouvez le demander à votre poissonnier. Mettez-les à mariner dans une plaque avec de l'huile d'olive, du sel et du poivre, le safran, les herbes et l'ail.

≫ Réservez au frais.

Cuisson des haricots

≫ Rincez les haricots. Mettez-les dans une marmite. Mouillez avec la soupe. Mettez à cuire à feu doux pendant 1h30.

≫ Au terme de la cuisson des haricots, faites cuire les poissons dans une poêle avec de l'huile d'olive.

Dressage

≫ Placez les haricots dans une assiette creuse. Arrosez de jus de cuisson.

≫ Disposez un filet de chaque poisson harmonieusement. Décorez avec des herbes.

Pavé d'espadon

et courgettes poêlées à l'huile d'olive Terra Rossa

Pour 6 personnes

25 mn   15 mn

Ingrédients

> 6 pavés d'espadon de 200 g chacun
> 2 g de safran
> 1 dl d'huile d'olive
> 2 badianes ou 2 anis étoilés
> 1,2 kg de courgettes fines
> Sel et poivre
> Mélange d'herbes corses séchées
> Le jus de 2 citrons

Astuces du Chef

La cuisson de l'espadon est la même que celle du thon : peu cuit.

Choix du sommelier

Domaine Abbatucci blanc d'Ajaccio

Préparation des pavés d'espadon

» Concassez les badianes (anis étoilés). Mélangez-les avec 6 cuillères à soupe d'huile d'olive et le safran.

» Salez et poivrez les pavés d'espadon et mettez-les à mariner dans l'huile au safran et badiane.

» Réservez.

Préparation des courgettes

» Lavez les courgettes et coupez-les en rondelles de 5 mm d'épaisseur. Faites-les revenir vivement à l'huile d'olive.

» Salez, poivrez et parsemez de quelques pincées d'herbes corses séchées.

» Réservez.

Cuisson des pavés d'espadon

» Dans une poêle, mettez à chauffer l'huile d'olive et faites cuire les pavés 5 mn de chaque côté.

» Enlevez les pavés et déglacez la poêle avec le jus de 2 citrons.

Dressage

» Disposez les courgettes en rosace. Posez au milieu les pavés d'espadon, arrosés d'un peu de sauce. Décorez avec une étoile de badiane.

» Vous pouvez servir !

Blanc de Saint-Pierre poêlé
aux herbes et tronçons de poireaux

Pour 6 personnes

15 mn 15 mn

Ingrédients

> 6 filets de 200 g de Saint-Pierre sans peau
> 1 branche de menthe fraîche
> 1 branche de basilic
> 1 cuillerée à soupe de népita ou de marjolaine
> 1,5 kg de poireaux
> Sel et poivre
> Fleur de sel
> 1 citron

Astuces du Chef

Traitez les tronçons de poireaux avec délicatesse pour qu'ils restent entiers.

Choix du sommelier

Clos d'Alzeto blanc d'Ajaccio

Préparation des poireaux

» Nettoyez les poireaux et ne gardez que le blanc. Vous pouvez utiliser le vert pour faire une soupe par exemple.

» Portez à ébullition une grande quantité d'eau salée. Plongez les poireaux et laissez cuire durant 15 mn. Avec une araignée ou un écumoire, sortez les poireaux et plongez-les dans de l'eau glacée.

» Faites-les égouttez puis coupez-les en biseau de 1 cm d'épaisseur.

» Réservez.

Préparation de la sauce

» Effeuillez le basilic, la menthe, la marjolaine ou la népita.

» Mixez le tout avec 2 cl d'huile d'olive. Salez et poivrez. Réservez.

Cuisson des filets de Saint-Pierre

» Salez et poivrez (poivre blanc du moulin). Faites dorer les filets 4 mn de chaque côté dans une poêle anti-adhésive avec de l'huile d'olive.

» Réservez.

Finition des poireaux

» Passez les tronçons de poireaux quelques minutes dans la poêle de cuisson des filets de Saint-Pierre.

Dressage

» Posez sur une assiette le filet de Saint-Pierre. Disposez autour de celui-ci des tronçons de poireaux.

» Arrosez la préparation de quelques gouttes de sauce aux herbes.

» Servez avec le reste de la sauce à part.

Noix de Saint-Jacques

au corail d'oursins et compotée d'endives

Pour 6 personnes

25 mn

25 mn

Ingrédients

> 30 pièces de noix de Saint-Jacques
> 6 beaux oursins ou 50 g de corail d'oursin
> 1 cl d'huile d'olive
> 1 dl de crème liquide
> 1 g de safran en poudre
> 800 g d'endives
> Sel et poivre du moulin
> 1 dl de vin blanc corse très fruité
> 1 gousse d'ail
> 20 g d'échalotes ciselées
> 1 orange

Astuces du Chef

Faites cuire les noix de Saint-Jacques juste avant de servir.

Choix du sommelier

Orenga de Gaffory blanc de Patrimonio

Préparation de la compote d'endives

» Lavez et coupez les endives en tronçons.

» Mettez un peu d'huile d'olive dans une casserole. Faites revenir les endives jusqu'à obtention d'une belle coloration.

» Ajoutez les zestes et le jus d'une orange, salez, poivrez et faites cuire pendant 15 mn.

» Réservez.

Préparation des noix de Saint-Jacques

» Demandez à votre poissonnier de les décoquiller.

» Lavez-les avec précaution à grande eau. Puis faites-les égoutter sur papier absorbant.

Préparation des oursins

» Ouvrez les oursins à l'aide d'une paire de ciseaux. Récupérez les langues de corail. Réservez.

Cuisson des coquilles

» Dans une poêle anti-adhésive, faites chauffer l'huile d'olive. Salez et poivrez les noix de Saint-Jacques et faites-les cuire 3 mn de chaque côté.

» Retirez-les de la poêle avant de les faire égoutter sur du papier absorbant.

» Dégraissez la poêle, puis ajoutez les échalottes ciselées. Faites revenir sans coloration.

» Déglacez au vin blanc sec, faites-les réduire de moitié. Ajoutez la crème, le safran et laissez réduire au 3/4.

» Ajoutez les langues de corail d'oursin et laissez frémir 2 mn. Rectifiez l'assaisonnement.

Dressage

» Posez un peu d'endives sur une assiette. Disposez dessus les noix de Saint-Jacques et arrosez le tout d'un peu de sauce.

Pavés de loup poêlés

et pommes de terre safranées

Pour 6 personnes

20 mn 20 mn

Ingrédients

> 6 pavés de loup de 200 g
> 2 g de safran en poudre
> 3 pincées de fleur de thym
> 3 gousses d'ail
> 1 dl d'huile d'olive extra
> 1,2 kg de pommes de terre Charlotte
> Fleur de sel et poivre du moulin

Astuces du Chef

Choisissez des loups de 2,5 kg afin d'obtenir des pavés bien épais.

Choix du sommelier

Orenga de Gaffory blanc
de Patrimonio

Préparation des pavés de loup

» Quadrillez la peau des pavés à l'aide d'un couteau bien aiguisé. Salez et poivrez.

» Réservez.

Préparation des pommes de terre Charlotte

» Épluchez les pommes de terre, coupez-les en rondelles de 1/2 cm d'épaisseur.

» Lavez-les à l'eau courante, puis mettez-les dans une casserole avec le safran en poudre, la fleur de thym. Salez et faites cuire à petite ébullition pendant environ 15 mn. En fin de cuisson, jetez 7 ou 8 glaçons dans la casserole.

» Réservez.

Cuisson des pavés

» Dans une poêle anti-adhésive, faites chauffer de l'huile d'olive. Posez les pavés de loup côté peau en premier et faites colorer chaque côté pendant 4 mn en baissant le feu.

» Égouttez les pavés sur du papier absorbant.

Dressage

» Égouttez les pommes de terre safranées.

» Faites-les sauter légèrement avec 1 trait d'huile d'olive.

» Disposez-les sur une assiette, posez le pavé de loup. Décorez avec quelques feuilles de thym et saupoudrez de quelques grains de fleur de sel.

» Servez le plat accompagné d'huile d'olive.

Les Viandes

Civet de sanglier
aux châtaignes

Pour 8 personnes

40 mn 2h30

Ingrédients

> 2 kg de sauté de sanglier
> 50 g de couenne de panzetta
> 100 g de carottes
> 100 g d'oignons
> 50 g de céleri branche
> Les zestes d'une orange
> 1 bouquet de thym et laurier
> 4 gousses d'ail
> 1 cuièllère à café de genièvre
> 3 clous de girofles
> 1 cuièllère à café de poivre noir en grains
> 2 l de vin rouge patrimonio
> 3 cuillères à café de gelée de groseille
> 100 g de champignons de Paris
> 100 g de petits oignons grelots
> 100 g de panzetta coupée en lardons
> 300g de châtaignes au naturel

Préparation de la marinade

» Mettez à mariner le sanglier avec le vin de patrimonio, les carottes et oignons coupés en petite mirepoix, le céleri branche, les zestes d'orange, le thym, le laurier, les gousses d'ail écrasées, le genièvre, trois clous de girofles, le poivre noir en grains, la couenne de panzetta, trois pincée de gros sel. Ajouter trois cl d'huile d'olive. Remuer le tout. Laissez mariner 48 h au frais en remuant de temps en temps.

Cuisson du civet

» Egouttez la marinade. Faites revenir la viande et les légumes à feu vif à l'huile d'olive. Ajoutez 80 g de farine de châtaignes, bien mélanger, avant d'ajouter la marinade. Portez à ébullition et faites cuire ensuite à feu doux ou au four environ 2h30 avec couvercle.

Finition de la sauce

» Décantez le civet. Passez la sauce au moulin à légumes grille fine. Remettez à bouillir, ajoutez la gelée de groseille laissez cuire 30 mn.

» Dans la sauce ajoutez la viande, les lardons de panzetta blanchis et revenus, les champignons sautés, les petits oignons glacés et les marrons.

» Servez avec des pâtes à la farine de châtaignes ou de la polenta.

Astuces du Chef

Pour réussir ce plat respectez le temps de marinade et faites cuire doucement.

Choix du sommelier

Orenga de Gaffory rouge, cuvée du Gouverneur de Patrimonio

Pintadeau rôti
au miel du Niolu

Pour 4 personnes

30 mn | 1h20

Ingrédients

- > 1 beau pintadeau
- > 80 g de miel du Niolu
- > 80 g d'échalotes
- > 50 g de carottes
- > 1 dl de vin blanc
- > 4 pommes
- > 4 poires
- > 30 g de beurre
- > Sel, poivre, une pincée de cannelle en poudre

Cuisson du pintadeau

≫ Assaisonnez le pintadeaux, arrosez d'huile et rôtir au four environ 1 h en arrosant souvent retirez le pintadeau.

≫ Réservez

Préparation de la sauce

≫ Dégraissez légèrement le jus de cuisson et placez la plaque de cuisson sur un feu.

≫ Ajoutez les échalotes et les carottes finement hachées colorez les bien. Verser le miel, réduisez au trois quart. Déglacez avec le vin blanc, ajoutez la pincée de cannelle, faites cuire 20 mn à feu doux.

≫ Découpez le pintadeau et mettez les morceaux dans la sauce. Laissez frémir 15 mn. Rectifiez l'assaisonnent.

≫ Réserver.

Préparation de la garniture

≫ Épluchez les pommes et les poires, coupez en quartiers, faites les sauter à la poêle avec le beurre et le sucre. Ne faites pas trop cuire.

≫ Dressez le pintadeau et disposez les fruits tout autour. Servez.

Astuces du Chef

À 15 mn de fin de cuisson vous pouvez disposer les fruits entiers juste épluchés autour du pintadeau, ils prendront un petit goût de jus.

Choix du sommelier

Cuvée Fiumesecu rouge de Calvi

Tianu de haricots blancs
et souris d'agneau à la bière Pietra

Pour 6 personnes

20 mn 1h45

Ingrédients

> 6 souris d'agneau
> 600 g de haricots soissons
> 150 g d'oignons
> 150 g de carottes
> 5 gousses d'ail
> 50 g de concentré de tomates
> 75 cl de bière Pietra
> Sel, poivre
> 3 cl d'huile d'olive
> 20 g de fond brun déshydraté
> 1 gros bouquet garni
> Persil haché 2 cuillères

La veille

» Mettez les haricots à tremper dans de l'eau froide.

Cuisson des souris

» Salez et poivrez les souris, faites les colorer dans une cocotte avec l'huile d'olive, ajoutez oignons et carottes taillés en fine mirepoix, le concentré de tomates, l'ail épluché et écrasé. Remuez bien le tout et laissez rissoler 5 mn. Mouillez avec la bière, ajoutez le fond de veau, les haricots égouttés, le bouquet garni. Laissez cuire doucement environ 1h45. Durant la cuisson ajouter de l'eau si nécessaire afin que les haricots restent immergés.

» Rectifiez l'assaisonnement, ajoutez 2 cuillères de persil haché.

» Servez en cocotte.

Astuces du Chef

Vous pouvez remplacer la souris d'agneau par un jarret de veau.

Choix du sommelier

Clos Reginu "E Prove" rouge de Calvi

Carré de porc
aux clémentines

Pour 8 personnes

25 mn
1h45

Ingrédients

> 1,5 kg de carré de porc
> 1,3 kg de clémentines
> 1 l de fond de veau
> 50 g de carottes
> 50 g d'oignons
> 2 cl de liqueur de clémentines
> 30 g de miel du Maquis
> 2 gousses d'ail
> Thym
> Sel et poivre

Cuisson des carrés de porc

» Salez et poivrez les carrés de porc, disposez les sur une plaque à rôtir. Enfournez à 160°C et saisissez les en arrosant de temps en temps.

» Lorsque les carrés sont bien dorés, ajoutez la mirepoix (carottes et oignons coupés en petits dés), l'ail écrasé et le thym. Continuez la cuisson en arrosant souvent.

» Au terme de la cuisson, retirez le rôti.

Préparation de la sauce

» Dégraissez la plaque. Déglacez avec le jus de 8 clémentines, la liqueur de clémentines et le miel du Maquis. Portez à ébullition. Ajoutez les 8 dl de fond de veau. Faites réduire de moitié.

» Rectifiez l'assaisonnement.

» Réserver.

Préparation des clémentines

» Epluchez toutes les clémentines, gardez en 8 entières. Défaites les autres en quartiers et plongez les dans la sauce.

» Mettez les 8 clémentines, arrosées de 2 cuillères à soupe de sauce chacune, dans un sautoir et passez les sous le grill en arrosant souvent. Répétez cette opération jusqu'à ce que les clémentines soient bien brillantes.

» Attention !
La chaleur du grill ne doit pas être trop vive sinon les clémentines risqueraient d'éclater.

Dressage

» Dressez dans un plat, nappez de sauce avec les quartiers de clémentines et disposez tout autour les clémentines entières.

Astuces du Chef

Vous pouvez agrémenter ce plat avec une compote de coing en garniture.

Choix du sommelier

Domaine San Michele rouge de Sartene
Pour le plaisir,
clos Culombu blanc de Calvi

Côte de veau
au Cap Corse

Pour 6 personnes

30 mn 20 mn

Ingrédients

> 6 côtes de veau de lait de 280 g chacune
> 50 cl de fond de veau
> 20 cl de Cap Corse
> 50 g d'échalotes
> 5 cl d'huile d'olive
> 1 branche de romarin
> 6 pièces d'aubergine de 250 g chacune
> 1 zeste de citron
> Sel et poivre

Préparation des côtes de veau

» Salez et poivrez les côtes de veau puis poêlez les doucement à l'huile d'olive avec la branche de romarin. Laissez cuire 6 mn de chaque côté jusqu'à ce qu'elles soient bien dorées.

» Réservez.

Préparation de la sauce

» Dégraissez la poêle. Faites-y revenir les échalotes ciselées. Déglacez avec le Cap Corse, ajoutez le zeste de citron et faites réduire presque à sec. Ajoutez le fond de veau et faites réduire de nouveau de moitié.

» Rectifiez l'assaisonnement. Réservez.

Préparation des aubergines

» Lavez les aubergines et coupez les en deux dans le sens de la longueur.

» Quadrillez leur chair, salez et poivrez. Faites les cuire à la poêle avec beaucoup d'huile d'olive. Faites les égoutter sur papier absorbant.

Dressage

» Dressez sur assiette 2 demi-aubergines, une côte de veau nappée de sauce et décorez de branches de romarin fleuri.

Astuces du Chef

Veillez à ne pas trop cuire les côtes de veau pour ne pas les assécher.

Choix du sommelier

Domaine Abbatucci "cuvée Faustine" rouge d'Ajaccio

Stuffatu de veau
aux olives

Pour 6 personnes

30 mn 1h30

Ingrédients

> 1.5 kg de veau dans l'épaule ou le flanchet
> 1 os de veau
> 1 tranche de jambon Corse au lard
> 2 oignons
> 1 gousse d'ail
> 50 g de coulis de tomates
> 1 verre de vin rouge
> 100 g d'olives vertes dénoyautées
> 1 feuille de laurier
> 1 branche de thym ou de marjorlaine
> Sel et poivre

Cuisson du stuffatu

≫ Dans une cocotte, verser l'huile d'olive et faites rissoler les morceaux de viandes. Salez et poivrez.

≫ Retirez les morceaux et réservez au chaud.

≫ Emincez l'oignon, hachez l'ail finement et coupez le jambon Corse en petits morceaux. Jetez le tout dans la cocotte chaude en remuant quelques minutes puis ajoutez le vin, le concentré de tomates ainsi que 2 verres d'eau chaude.

≫ Remettez les morceaux de viandes dans la cocotte ainsi que le thym et le laurier sans oublier l'os de veau. Couvrez la cocotte et laissez mijoter à feu doux pendant 1h30 en remuant de temps en temps.

≫ Faites blanchir les olives durant 5 mn puis ajoutez les dans la cocotte avant la fin de la cuisson.

Dressage

≫ Vous pouvez servir ce plat avec des pâtes, des ravioli au brocciu ou des gnocchi.

Astuces du Chef

Vous pouvez préparer ce plat la veille, il n'en sera que meilleur.

Choix du sommelier

Clos d'Alzeto "cuvée prestige"
rouge d'Ajaccio
ou blanc d'Ajaccio

Carré d'agneau
aux légumes confits à l'huile d'olive Terra Rossa

Pour 4 personnes

45 mn 20 mn

Ingrédients

> 2 carrés d'agneau de 8 côtes chacun.
> 3 carottes
> 1 aubergine
> 1 fenouil
> 4 artichauts poivrade
> 2 courgettes
> 2 poivrons rouges
> 3 gousses d'ail
> 1 botte d'oignons nouveaux
> 8 tomates cerises
> 30 cl d'huile d'olive de Balagne
> Quelques brindilles de thym
> Fleur de sel
> Sel et poivre du moulin
> 3 dl de jus d'agneau
> 1 citron

Préparation

» Épluchez et taillez tous les légumes en biseau. Tournez les artichauts et frottez-les avec le citron afin qu'ils ne noircissent pas.

» Prenez une cocotte en fonte. Disposez au fond les gousses d'ail, les brindilles de thym et les légumes. Mouillez d'huile d'olive jusqu'à hauteur. Faites cuire à feu doux pendant 45 mn.

» Préparez les carrés : nettoyez le bout des os et protégez les avec du papier d'aluminium afin qu'ils ne brûlent pas pendant la cuisson.

» Préchauffez le four à 180°C. Mettez les carrés dans un sautoir, salez, poivrez et laissez cuire au four pendant 20 mn.

» Sortez le plat du four et laissez reposer pendant 10 mn avant de servir. La cuisson doit être rosée afin que la viande garde toute sa texture.

Dressage

» Égouttez délicatement les légumes sans les écraser. Disposez les sur 4 assiettes. Coupez les carrés et dressez-les sur les assiettes. Arrosez les de jus d'agneau. Décorez de quelques branches de thym et de fleur de sel.

Astuces du Chef

5 mn avant la fin de cuisson du carré d'agneau, tartinez-le de persillade mélangée avec un peu de chapelure et d'huile d'olive.

Choix du sommelier

Clos Canarelli rouge de Porto Vecchio

Tripettes
à la mode Corse

Pour 6 personnes

20 mn 40 mn

Ingrédients

> 800 g de gras-double cuit ou tripettes
> 1 pied de porc cuit
> 200 g de gros oignons
> Quelques brins de persil plat
> 3 clous de girofle
> Poivre en grains
> 1 cl d'huile olive
> 2 cuillères à soupe de concentré de tomates
> 1 feuille de laurier
> Sel et poivre noir du moulin

Préparation des tripettes

» Détaillez le gras-double en lanières assez minces. Fendez le pied de porc en deux, puis chaque moitiés encore en deux. Pelez et émincez finement les oignons. Pelez et hachez les gousses d'ail.

» Hachez le persil et mélangez-le à l'ail.

» Pilez les clous de girofle dans un mortier avec 8 grains de poivre.

» Réservez.

Cuisson des tripettes

» Faites chauffer 4 cuillères à soupe d'huile d'olive dans une sauteuse et faites y revenir les lanières de gras-double jusqu'à ce qu'elles soient bien dorées.

» Ajoutez les oignons émincés et continuer à faire revenir durant 5 minutes. Ajoutez les clous de girofle écrasés, les grains de poivre, le concentré de tomates, les morceaux de pied de porc, le hachage persil et ail. Mouillez à hauteur, puis ajoutez la feuille de laurier. Salez et poivrez au poivre noir du moulin.

» Couvrez et faites cuire à feu doux environ 40 mn. Servir avec des pommes de terre cuites à l'eau.

Astuces du Chef

Si le gras double et le pied de porc ne sont pas achetés déjà cuits, le temps de cuisson doit être de 6 heures à feu doux.

Choix du sommelier

Domaine Renucci "cuvée Vignola" rouge de Calvi

Magret de canard
au vin de myrte et polenta de maïs

Pour 8 personnes

20 mn 15 mn

Ingrédients

> 4 magrets de canard de 400 g environ
> 2 dl de vin de myrte
> 1 cuillerée de miel
> 4 dl de jus de canard
> 75 cl de lait
> 25 cl de crème liquide
> 140 g de polenta de maïs
> 3 pincées d'herbes du maquis
> 50 g de beurre
> Sel et poivre

Astuces du Chef

Vous pouvez réaliser la même recette avec une autre viande, par exemple du suprême de poulet fermier

Choix du sommelier

Domaine Leccia rouge de Patrimonio

Préparation de la polenta

» Faites bouillir dans une casserole à fond épais la crème, le lait, les herbes du maquis, le sel et le poivre. À ébullition, versez la polenta de maïs tout en remuant à l'aide d'une spatule en bois et laissez cuire à feu doux pendant 10 mn en remuant constamment.

» En fin de cuisson, versez la polenta dans un plat rectangulaire huilé jusqu'à obtenir une épaisseur de 3 cm. Filmez, laissez refroidir et mettez le plat au frais.

» Quand la polenta est bien froide, retournez la plaque sur une planche et découpez en morceaux réguliers.

» Réservez.

Cuisson des magrets et préparation de la sauce

» Parez le surplus de graisse des magrets et quadrillez légèrement, côté peau.

» Dans une poêle bien chaude, saisissez les magrets, côté peau en premier.
Laissez prendre une belle coloration. Retournez les magrets et laissez les cuire selon la cuisson désirée, sachant que pour obtenir une cuisson rosée, il faut laisser 8 à 10 mn de chaque côté. Retirez les magrets et gardez les au chaud.

» Dégraissez la poêle de cuisson, déglacez avec le vin de myrte. Ajoutez le miel, laissez réduire et mouillez avec le jus de canard.
Laissez mijoter jusqu'à obtention d'une sauce nappante. Passez au chinois.

Finition de la polenta

» Dans une poêle bien chaude, faites colorer la polenta des 2 côtés dans les 50 g de beurre.

Dressage

» Taillez les magrets de canard en 2, disposez chaque morceau sur les assiettes avec la polenta et napper de sauce.

Cabri rôti aux herbes

Pour 8 personnes

15 mn
35 mn

Ingrédients

> Cabri coupé en morceaux :
gigot, épaule, carré, selle et collier
> 1 tête d'ail nouveau
> 2 cl de vin blanc
> 1 branche de romarin
> 1 branche de sarriette
> 1 branche de thym
> 1 branche d'origan
> Sel et poivre
> 50 g de gros sel
> Huile d'olive

Préparation et cuisson du cabri

» Mélangez un peu d'herbes avec les 50 g de gros sel et 1 trait d'huile d'olive. Frottez les morceaux de cabri avec ce mélange et disposez-les sur une plaque huilée. Enfournez à 150°C durant 40 mn. Retournez et arrosez souvent.

» Au bout de 20 mn de cuisson, ajoutez la tête d'ail entière et le reste des herbes.

» Au terme de la cuisson, retirez les morceaux de cabri et la tête d'ail.

» Dégraissez légèrement la plaque de cuisson et déglacez avec le vin blanc et 2 dl d'eau. Faites réduire de moitié. Rectifiez l'assaisonnement.

» Réservez.

» Écrasez les gousses d'ail à l'aide d'une fourchette et mettez la pulpe dans la sauce.

Découpe du cabri

» Présentez le cabri sur une planche, découpez le devant vos convives et nappez d'un peu de jus.

Astuces du Chef

Pour la garniture, préparez soit une purée à l'huile d'olive, soit des petites pommes de terre grenaille poêlées et une salade de roquette sauvage.

Choix du sommelier

Domaine San Michele rouge de Sartène

Cuisses de lapin
au basilic

Pour 6 personnes

30 mn 50 mn

Ingrédients

> 6 cuisses de lapereau
> 2 dl de vin blanc
> 50 g d'échalotes
> 50 g de carottes
> 1 branche de népita
> 1 botte de basilic
> 1 kg de courgettes
> 400 g de tomates bien mûres
> 2 gousses d'ail
> 1 dl de crème liquide
> 1 dl d'huile d'olive
> Sel et poivre

Préparation du lapin

» Dans une cocotte en fonte, faites blondir les cuisses de lapin. Ajoutez les 50 g d'échalotes ciselées, les carottes coupées en mirepoix, les 2 gousses d'ail et la branche de népita. Laissez revenir le tout pendant 6 mn en remuant.

» Effeuillez le basilic. Gardez les feuilles et ajoutez les tiges dans la cocotte ainsi que les tomates coupées en quartiers. Déglacez avec le vin blanc. Donnez un tour d'ébullition. Ajoutez la crème, salez et poivrez. Couvrez et laissez cuire à feu doux pendant 50 mn.

» Décantez le lapin (enlever les cuisses de lapin de la sauce). Donnez un petit tour de mixeur dans la sauce et passez la au chinois. Rectifiez l'assaisonnement. Remettez les cuisses dans la sauce et gardez le tout au chaud.

Préparation des courgettes

» Lavez et taillez les courgettes en rondelles, faites les sauter vivement à l'huile d'olive. Salez, poivrez et ajoutez quelques feuilles de basilic concassées.

Finition

» Emincez finement les feuilles de basilic restantes, incorporez les dans la sauce et mélangez.

» Servez immédiatement avec les courgettes à part.

Astuces du Chef

Ajouter au dernier moment le basilic dans la sauce : cela apporte une note de fraîcheur et exalte les parfums.

Choix du sommelier

Domaine Abbatucci
"cuvée Faustine" rouge d'Ajaccio

Sauté d'agneau
aux trois poivrons

Pour 8 personnes

20 mn | 1h

Ingrédients

> 2 kg d'épaule d'agneau avec os
> 150 g d'oignon
> 30 g de concentré de tomates
> 300 g de tomates fraîches
> 100 g de carottes
> 8 gousses d'ail
> Origan, thym, laurier
> Sel et poivre
> 1 botte de menthe fraîche
> 120 g de poivrons rouges
> 120 g de poivrons verts
> 120 g de poivrons jaunes

Préparation du ragoût

» Demandez à votre boucher de découper à la scie les épaules avec os en morceaux à sauter.

» Dans une grande cocotte, faites revenir les morceaux d'agneau. Faites les bien colorer. Retirez les morceaux. Faites revenir les oignons et les carottes coupés en mirepoix ainsi que l'ail écrasé. Remettez la viande, ajoutez le concentré de tomates, puis mélangez.

» Mouillez avec environ 2 l d'eau, ajoutez le bouquet de menthe fraîche, la pincée d'origan, le laurier et le thym.

» Lavez et coupez en morceaux un poivron rouge et mettez le dans la cocotte. Couvrez et laissez cuire pendant 1 h à feu doux.

» Décantez les morceaux de viande et passez la sauce au mixeur, elle doit être légèrement nappante.

Préparation des poivrons

» Lavez et épépinez les poivrons. Coupez les en petits dés et faites les sauter à l'huile d'olive. Égouttez et mélangez au sauté.
Maintenez le plat au chaud.

» Servez en cocotte.

Astuces du Chef

Vous pouvez accompagner cette recette d'une polenta de maïs.

Choix du sommelier

Domaine Antoine de Pietri rouge de Cap Corse

Les Gourmandises

Mœlleux à la châtaigne

Pour 4 personnes

40 mn
1h30

Ingrédients

> 500 g de crème de marrons
> 100 g de beurre
> 4 œufs
> 30 g de brisures de marrons confits

Crème anglaise
> 1/2 litre de lait
> 4 jaunes d'œufs
> 50 g de sucre
> 1 bâton de vanille

Préparation

» Faites bouillir le lait avec la gousse de vanille coupée en deux.

» Mélangez énergiquement les œufs et le sucre et faites-les blanchir.

» Sur ce mélange, versez petit à petit la moitié du lait, tout en remuant.

» Remettez la préparation dans la casserole et laissez cuire, à feu très doux, en remuant en permanence jusqu'à ce qu'un nappage apparaisse sur la cuillère en bois.

» Mettez à refroidir immédiatement dans la glace.

» Mélangez au fouet la crème de marrons avec les œufs. Incorporez le beurre fondu à cet appareil.

» Beurrez et farinez 6 moules Téfal de 10 cm de diamètre et 2 cm de hauteur.

» Versez le mélange crème de marrons, œufs et beurre.

» Laissez cuire au four 20 mn à 180°C.

Dressage

» Au fond d'une assiette, versez un peu de crème anglaise, posez dessus un moelleux tiède. Décorez de marrons confits et de bâtons de vanille.

Astuces du Chef

Vous pouvez préparer une quantité plus importante de moelleux car c'est un dessert qui se réchauffe bien et qui garde toute sa saveur, même si vous le consommez le lendemain, en le réservant au frais sous papier film.

Choix du sommelier

Orenga de Gaffory "Cuvée du Gouverneur" blanc de patrimonio

Fiadone

Pour 4 personnes

40 mn

1h30

Ingrédients

> 500 g de brocciu
> 200 g de sucre en poudre
> 4 œufs
> 2 citrons

Préparation

» Râpez puis pressez les 2 citrons.

» Mélangez-les au brocciu à l'aide d'un fouet.

» Battez énergiquement le sucre et les œufs, avant de les incorporer au brocciu.

» Beurrez un moule à manquer. Tapissez le fond d'un papier cuisson découpé aux dimensions du moule.

» Versez le mélange.

Cuisson

» Faites préchauffer votre four à 200°C. Laissez cuire pendant 15 mn, puis pendant 20 mn à 150°C.

» Sortez le plat du four et arrosez de liqueur de cédrat.

Astuces du Chef

Vous apprécierez ce dessert tiède ou froid, nature ou accompagné d'un coulis de fruits rouges ou d'abricot.

Choix du sommelier

Domaine Gentile blanc de Patrimonio

Pastizzu aux griottines

Pour 8 personnes

30 mn

35 mn

Ingrédients

> 8 œufs
> 225 g de sucre
> 1 l de crème fleurette
> 1 pincée de cannelle
> 400 g de brioche
> 250 g de griottines

Astuces du Chef

Laissez bien refroidir avant de démouler.

Choix du sommelier

Clos Landry rosé de Calvi

Préparation de la crème-œuf

» Cassez les œufs dans un saladier, mélangez-les avec les 225 g de sucre et faites bien blanchir le tout.

» Ajoutez la crème et la pincée de cannelle.

Montage du moule

» Beurrez grassement un moule à cake.

» Coupez la brioche en tranches de 1 cm d'épaisseur.

» Posez sur le fond du moule quelques tranches de brioche légèrement superposées. Parsemez de griottes, versez un peu d'appareil crème-œuf. Répétez l'opération jusqu'à remplissage du moule.

» Faites cuire au bain-marie dans le four préchauffé à 150°C.

» Laissez refroidir 2h au frais.

» Démoulez et coupez en tranches d'1 cm d'épaisseur environ.

Dressage

» Vous pouvez servir ces tranches de pain perdu tièdes ou froides, accompagnées d'une crème anglaise ou d'une sauce au chocolat blanc fondu.

Tiramisu à la châtaigne

Pour 8 personnes

30 mn | 0 min

Ingrédients

> 250 g de biscuits à la cuillère
> 20 cl de café très serré
> 8 œufs
> 160 g de sucre en poudre
> 50 cl d'eau
> 1 kg de mascarpone
> 8 cl de liqueur de châtaigne
> Vanille liquide
> Cacao non sucré
> 2 cuillères à soupe de crème de marrons

Préparation de la crème

» Préparez un café et laissez-le refroidir.

» Séparez les blancs des jaunes d'œufs.

» Préparez la crème de mascarpone en mélangant le sucre et l'eau et faites cuire à 120°C.

» Versez ce sirop sur les blancs d'œufs en fouettant sans arrêt jusqu'à complet refroidissement.

Montage du tiramisu

» Dans un saladier, mélangez la mascarpone, les jaunes d'œufs, la crème de marrons, la vanille liquide et les blancs d'œufs montés.

» Dans un plat à gratin rectangulaire de 19 x 24 cm, disposez la moitié des biscuits à la cuillère préalablement et rapidement trempés un à un dans le café.

» Avec une cuillère, recouvrez les biscuits de crème à la mascarpone jusqu'à mi-hauteur du moule.

» Répétez de nouveau cette opération pour finir sur une couche de mascarpone.

» Mettez le moule au réfrigérateur pendant quelques heures.

» Avant de servir le tiramisu, saupoudrez-le de cacao.

» Servir à la cuillère.

Astuces du Chef

Vous pouvez ajouter des marrons confits en décoration

Choix du sommelier

Orenga de Gaffory blanc de patrimonio

Sablés au miel de châtaigne,
clémentines corses et chocolat amer

Pour 4 personnes

40 mn
5 mn

Ingrédients

Pâte sablée
> 60 g de farine de blé
> 60 g de farine de châtaigne
> 100 g de beurre
> 80 g de miel de châtaigne
> 1 cuillerée à soupe d'eau
> 1 pincée de sel

Crème de liqueur de clémentines
> 1 cuillerée à soupe de crème pâtissière
> 3 cuillerées à soupe de crème chantilly vanillée
> 250 ml de liqueur de clémentines

Crème pâtissière
> 1 l de lait
> 5 jaunes d'œufs
> 10 g de sucre en poudre
> 80 g de maïzena
> 12 clémentines

Sauce chocolat
> 250 g de chocolat noir fondant
> 125 ml d'eau

Décoration
> Pistaches hachées
> Sucre glace

Astuces du Chef

Vous pouvez utiliser la pâte à sablés pour faire des mignardises.

Choix du sommelier

Clos d'Alzeto blanc d'Ajaccio

Préparation de la pâte sablée

» La veille, mélangez tous les ingrédients en utilisant du beurre pommade.

» Laissez reposer la pâte pendant 1h.

» Étalez la pâte pour obtenir une abaisse de 0,5 cm d'épaisseur, puis découpez à l'aide d'un emporte-pièce des cercles de 8 cm. Comptez deux sablés par personne.

» Déposez la pâte sur une plaque graissée et parsemée de sucre.

» Laissez cuire au four à 225°C pendant 5 mn.

» Réservez à température ambiante.

Préparation de la crème pâtissière

» Blanchissez les jaunes d'œufs avec le sucre, puis ajoutez la maïzena.

» Versez le lait bouillant sur le mélange en donnant un début d'ébullition et en fouettant bien.

» Transvasez le mélange dans un autre récipient et laissez refroidir.

» Montez la crème chantilly et incorporez la crème pâtissière ainsi que la liqueur de clémentine.

» Pelez les clémentines à vif et découpez-les en quartiers. Laissez égoutter les fruits dans une passoire.

» Faites fondre le chocolat avec l'eau. Quand le mélange est bien lisse, couvrez le fond des assiettes. Attendez quelques minutes et décorez les assiettes de crème légèrement fouettée à l'aide d'une poche à douille.

Montage des sablés

» Disposez les cercles de pâte sur le plan de travail, puis poser dessus un petit dôme de crème de clémentines et les quartiers autour. Terminez l'opération en posant dessus un cercle de pâte préalablement saupoudré de sucre glace.

» Disposez les sablés au centre des assiettes.

» Décorez de pistaches hachées.

Poires pochées

au vin de myrte, mousse de marrons et croustillant à la châtaigne

Pour 4 personnes

40 mn 1h30

Ingrédients

> 4 poires
> 1 l de vin de myrte
> 200 g de sucre
> 1 bâton de cannelle
> 1 branche de romarin

Mousse de marron
> 250 g de crème de marrons
> 100 g de crème fleurette
> Vanille liquide

Croustillants à la châtaigne
> 100 g de farine de blé
> 50 g de farine de châtaigne
> 200 g de sucre glace
> 4 blancs d'œufs

Préparation

≫ Portez à ébullition le vin de myrte avec les 200 g de sucre, le bâton de cannelle et la branche de romarin. Ajoutez les poires épluchées. Laisser cuire 30 mn à feu doux.

≫ Laissez refroidir.

≫ Égouttez les poires et évidez-les à l'aide d'une petite cuillère.

≫ Réduisez le vin de moitié.

≫ Réservez.

Préparation de la mousse de marrons

≫ Montez la crème fleurette. Mélangez la crème de marrons.

≫ Ajoutez un trait de vanille liquide et farcissez les poires avec ce mélange.

≫ Réservez.

Préparation des croustillants à la châtaigne

≫ Mélangez le sucre glace aux blancs d'œufs. Incorporez les farines de blé et de châtaigne.

≫ Sur une plaque à pâtisserie beurrée, étalez plusieurs noix de pâte. Passer au four à 200°C jusqu'à coloration, puis retirez les croustillants à l'aide d'une spatule.

≫ Posez les croustillants sur un rouleau à pâtisserie afin qu'ils prennent la forme d'une tuile et laissez refroidir.

≫ Servez les poires avec le vin réduit et les croustillants et décorez avec la branche de romarin ou la branche de menthe.

Astuces du Chef

Pour garder les poires brillantes, laissez-les dans le vin, dans un endroit tempéré.

Choix du sommelier

Domaine San Michele rouge de Sartène

Gelée d'agrumes au muscat,
sauce au thé

Pour 4 personnes

40 mn

1h30

Ingrédients

> 15 cl de jus d'orange
> 90 g de sucre en poudre
> 8 feuilles de gélatine
> 1/2 gousse de vanille
> 8 grains de poivre noir
> 2 branches de menthe fraîche
> 15 cl de muscat corse
> 6 oranges dont une pour les zestes
> 2 pamplemousses

La sauce au thé
> 4 cl d'eau
> 125 g de sucre
> 4 sachets de thé à la bergamote

Les zestes d'orange confits
> 50 g de sucre
> 1cuillerée d'eau
> 1 cl de sirop de grenadine
> Le zeste d'un citron

Astuces du Chef

Sur la même base de gelée, vous pouvez faire une terrine de fruits rouges.

Choix du sommelier

Domaine Gentile Muscat

Préparation de la gelée

» Dans une casserole, plongez le jus d'une orange, le jus d'un pamplemousse, le sucre, la demi gousse de vanille, les grains de poivre et les branches de menthe. Chauffez légèrement pour faire fondre le sucre. Retirez du feu.

» Incorporez les feuilles de gélatine préalablement détrempées à l'eau froide, faites-les bien fondre. Ajoutez le muscat et laissez infuser.

Préparation des zestes d'orange confits

» Avec un économe, épluchez la peau d'une orange. Taillez les zestes en fines juliennes. Mélangez-les avec le sucre, le sirop de grenadine et l'eau. Laissez cuire doucement, environ 10 mn.

» Réservez.

Préparation des quartiers de pamplemousses et d'oranges

» Épluchez à vif les pamplemousses et les oranges, puis en extraire les quartiers sans peau ni pépin.

» Laissez égoutter les fruits sur du papier absorbant.

Préparation de la sauce au thé

» Infusez le thé dans 4 cl d'eau avec le sucre.

» Passez au chinois.

» Faites cuire à frémissement pendant 20 mn.

» Laissez refroidir.

» Ajoutez quelques zestes confits légèrement concassés.

Montage de la terrine

» Passez la gelée au chinois fin (elle doit être froide mais pas prise).

» Coulez une couche d'1 cm d'épaisseur au fond d'une terrine.

» Placez la terrine au réfrigérateur, laissez prendre.

» Disposez une rangée de fruits sur la gelée, remettez au frais et laissez prendre.

» Renouvelez cette opération jusqu'au bord de la terrine.

» Laissez au frais pendant 6 h minimum.

» Démoulez la terrine et décorez-la de bouquets de menthe.

» Servez la sauce au thé très fraîche, à part.

Fraîcheur
de fruits d'hiver

Pour 8 personnes

30 mn | 40 mn

Ingrédients

> 4 pamplemousses roses
> 1 kg de clémentines corses
> 1 kg d'oranges non traitées
> 500 g d'airelles
> Eau de fleur d'oranger
> 1cl de liqueur de clémentine
> 200 g de broccio
> Menthe fraîche
> 100 g de sucre semoule
> 1/2 bâton de vanille
> Pistaches concassées pour le décor

Préparation

» Mettez les airelles dans une casserole avec le sucre, les zestes râpés d'une orange et la vanille.

» Faites cuire 30 mn à petits bouillons.

» Réservez au frais.

Préparation des fruits

» Épluchez à vif les pamplemousses et les oranges. Extrayez-en les quartiers (sans peau).

» Procédez de même avec les clémentines que vous mélangerez ensuite avec les oranges et les pamplemousses.

» Ajoutez 50 g de sucre, versez un trait de fleur d'oranger et un trait de liqueur de clémentine.

» Réservez au frais.

» Battez le broccio avec les 50 g de sucre restant.

» Réservez.

Montage

» Au fond d'un verre, versez 2 cuillerées à soupe de compote d'airelles. Ajoutez les pamplemousses et finissez avec la crème au broccio.

» Décorez avec quelques feuilles de menthe et de pistaches concassées.

» Vous pouvez déguster cette recette fraîcheur avec des petites madeleines au miel.

Astuces du Chef

Au gré des saisons, vous pouvez varier la composition des fruits.

Choix du sommelier

Domaine Orsini Muscat

Fraîcheur de rhubarbe
et fruits rouges au miel et muscat

Pour 4 personnes

45 mn

30 mn

Ingrédients

> 1 kg de rhubarbe fraîche
> 100 g de sucre en poudre
> 50 g de miel du maquis
> 3 cl de muscat
> 2 gousses de vanille
> 250 g de fraises

Décoration
> 100 g de fraises des bois
> 100 g de framboises
> 50 g de mûres
> 100 g de fraises

Préparation de la compote

» Lavez la rhubarbe, coupez-la en tronçons de 4 cm, mettez-les dans une casserole avec le sucre, le miel, le muscat, les fraises lavées et équeutées, la vanille.

» Laissez cuire pendant 30 mn environ à feu moyen. Laissez tiédir et passez le mélange au mixeur.

» Portez à ébullition, écumez et laissez réduire.

» Coupez en petits tronçons de 1 cm les 200 g de rhubarbe restants, faites-les sauter dans une poêle avec une noix de beurre et un peu de sucre.

» Laissez refroidir et incorporez le tout à la soupe.

Dressage

» Déposez la compote dans des verres puis décorez.

Astuces du Chef

Vous pouvez accompagner ce plat de petites madeleines au miel. (retrouvez leur recette en page 164 !)

Choix du sommelier

Domaine Leccia muscat de Patrimonio

DU CAP

Fruits d'été pochés
à la bière Pietra et aux épices

Pour 4 personnes

20 mn | 20 mn

Ingrédients

> 500 g de pêches jaunes
> 500 g de cerises noires
> 200 g de fraises des bois
> 1 l de bière Pietra (bière à la châtaigne)
> 250 g de sucre
> 2 étoiles de badiane
> 1 bâton de cannelle
> 1 gousse de vanille
> 3 grains de poivre noir
> Quelques feuilles de citronnelle
> 1 citron
> 1 cuillère à soupe de miel du niolu

≫ Plongez les pêches 30 secondes dans de l'eau bouillante, puis rafraîchissez-les dans de l'eau glacée.

≫ Enlevez la peau et dénoyautez-les.

Préparation du sirop

≫ Mettez la bière dans une casserole avec le sucre, la badiane, la cannelle, la gousse de vanille coupée en deux, le poivre, la citronnelle, le jus de citron plus les zestes râpés et le miel du niolu.

≫ Faites bouillir le tout et laissez infuser une heure à feu doux.

Pochages des fruits

≫ Plongez les pêches dans la bière frémissante pendant 10 mn, puis ajoutez les cerises. Arrêtez le feu et laissez encore 10 mn.

≫ Mettez le tout dans un grand saladier, ajoutez les fraises des bois.

≫ Mettez au frais.

Dressage

≫ Dressez les fruits dans des assiettes creuses et arrosez de sirop.

≫ Décorez les assiettes de feuilles de citronnelle ciselées.

Astuces du Chef

Vous pouvez agrémenter cette recette suivant les fruits de saison.

Choix du sommelier

Domaine Antoine Arena muscat de Patrimonio

Les trois délices
de Mariuccia

Pour 8 personnes

40 mn | 1h

Ingrédients

Ingrédients pour la mousse de châtaigne
> 300 g de mascarpone
> 120 g de crème de châtaignes
> 50 g de sucre en poudre
> Vanille liquide
> 1/2 l de crème liquide

Ingrédients du riz au lait safrané
> 1 l de lait
> 200 g de riz rond
> 1 gousse de vanille
> 1 bâton de cannelle
> 20 g de zeste d'orange
> 150 g de sucre en poudre
> 2 pincées de safran

Ingrédients de la mousse de brocciu et clémentines
> 500 g de brocciu
> 4 clémentines
> 100 g de sucre en poudre

Ingrédients pour la décoration
> Fruits rouges (fraises, framboises, groseilles)
> Menthe

Astuces du Chef

Préparez la veille vos petits verres et conservez-les au frais bien filmés.

Choix du sommelier

Domaine Orsini muscat de Calvi

Préparation de la mousse à la châtaigne

≫ Montez la crème liquide bien fraîche en chantilly à l'aide d'un fouet.

≫ Mélangez la crème de châtaignes, le mascarpone, le sucre et la vanille.

≫ Incorporez la crème montée.

≫ Réservez au frais.

Préparation du riz

≫ Faites bouillir le riz 2 mn dans une casserole avec de l'eau.

≫ Égouttez et rincez abondamment.

≫ Remettez le riz à cuire dans le lait avec la vanille, la cannelle, le safran et les zestes d'orange, à feu doux, en remuant souvent afin qu'il n'accroche pas pendant 40 mn.

≫ En fin de cuisson, ajoutez le sucre.

≫ Débarrassez dans un récipient. Filmez et laissez refroidir.

Préparation de la mousse de brocciu et clémentines

≫ Râpez la peau des clémentines et pressez le jus. Mixez ensemble le brocciu, le jus des clémentines, leurs zestes et le sucre.

≫ Réservez.

Dressage

≫ Prenez 24 petits verres. À l'aide d'une poche de pâtisserie, disposez le riz et les mousses dans les verres.

≫ Décorez avec de la menthe et des fruits rouges.

Charlotte aux marrons

Pour 4 personnes

50 mn | 0 min

Ingrédients

> Une trentaine de biscuits à la cuillère
> Quelques brisures de marrons glacés
> 2 verres de liqueur de châtaigne

Mousse de marrons
> 300 g de crème de marrons
> 1 dl de liqueur de châtaigne
> 3 feuilles de gélatine
> 250 g de crème liquide

Sauce chocolat
> 50 g de crème fraîche épaisse
> 100 g de chocolat
> 30 g de beurre

Préparation de la crème

» Fouettez la crème liquide au batteur jusqu'à épaississement.

» Faites ramollir les feuilles de gélatine dans un verre d'eau froide. Égouttez-les puis faites-les fondre dans la liqueur de châtaigne tiède.

» Mélangez la préparation à la crème de marron, ajoutez quelques brisures de marrons glacés.

» Incorporez le tout à la crème montée.

Montage de la charlotte

» Tapissez un moule à charlotte de papier sulfurisé.

» Trempez les biscuits à la cuillère dans la liqueur de châtaigne et disposez-les au fond du moule ainsi que sur les parois. (chemiser)

» Garnissez avec la mousse de marrons.

» Laissez prendre au réfrigérateur environ 6 heures.

Préparation de la sauce chocolat

» Mettez le chocolat coupé en morceau dans une casserole avec le beurre et la crème fraîche.

» Faites fondre le tout au bain-marie tout en remuant. Laissez tiédir.

» Démoulez la charlotte sur un plat et nappez de sauce.

Astuces du Chef

Vous pouvez servir la charlotte accompagnée de crème anglaise à la vanille.

Choix du sommelier

Domaine Orenga de Gaffory blanc de Patrimonio

Beignets de farine de châtaigne
au chèvre frais

Pour 4 personnes

20 mn 10 mn

Ingrédients

> 200 g de farine de châtaigne
> 50 g de farine de blé
> 1 sachet de levure chimique
> 30 g de sucre en poudre
> 200 g de fromage de chèvre frais
> 50 cl de lait
> 1 œuf
> Sucre glace
> 50 cl d'huile pour friture
> Sel fin

Préparation de la pâte à beignets

≫ Dans un saladier, tamisez la farine de châtaigne et la farine de blé.

≫ Ajoutez la levure chimique, 30 g de sucre en poudre et une pincée de sel, mélangez.

≫ Incorporez l'œuf et le lait, puis mélangez la pâte jusqu'à obtention d'une préparation homogène.

≫ Ajoutez le fromage de chèvre et écrasez le tout.

Cuisson des beignets

≫ Faites chauffer l'huile dans une friteuse.

≫ Prélevez de petites quantités de pâte à l'aide d'une cuillère à soupe.

≫ Plongez les beignets dans l'huile très chaude pendant 2 mn.

≫ Renouvelez l'opération jusqu'à épuisement de la pâte.

≫ Égouttez les beignets sur du papier absorbant.

≫ Saupoudrez de sucre glace avant de servir.

Astuces du Chef

Vous pouvez remplacer le chèvre frais par du brocciu.

Choix du sommelier

Domaine Abbatucci "cuvée Faustine" rouge d'Ajaccio

Gratin de figues
au sabayon léger de miel du maquis et de muscat

Pour 6 personnes

20 mn | 20 mn

Ingrédients

> 500 ml de glace au miel
> 500 g de figues sèches

Ingrédients du sabayon
> 4 jaunes d'œufs
> 100 g de sucre en poudre
> 2 verres de muscat du Cap corse
> 1 cuillère à soupe de miel du maquis

Préparation des figues

≫ Plongez les figues dans une casserole, couvrez-les d'eau et portez-les à ébullition.

≫ Lorsque l'eau boue, arrêtez le feu et laissez les figues gonfler.

Préparation du sabayon

≫ Dans une sauteuse, versez les jaunes d'œufs, le sucre, le muscat et mélangez bien le tout.

≫ Posez la sauteuse au bain-marie et fouettez ; l'émulsion doit devenir onctueuse et nappante.

≫ Égouttez les figues, étalez la glace au miel sur le fond des assiettes, versez le sabayon dessus, posez les figues et passez sous le grill chaud environ 2 mn.

≫ Décorez avec une feuille de menthe.

≫ Servez aussitôt.

Astuces du Chef

L'eau du bain-marie doit être frémissante.
Vous pouvez utiliser en saison un mélange de fruits rouges, mélangé au sabayon et gratiné.

Choix du sommelier

Domaine Orsini muscat de Calvi

Nougat glacé
au miel du Niolu

Pour 6 personnes

40 mn 5 mn

Ingrédients

> 100 g de cédrat confit en petits dés
> 1 cl de liqueur de cédrat

Pour la nougatine
> 100 g de sucre
> 30 g de glucose
> 80 g de pignons de pin

Pour la meringue italienne
> 5 cl de crème fleurette
> 50 g de glucose
> 50 g de sucre
> 100 g de miel du maquis
> 5 blancs d'œufs

Préparation de la nougatine

» Faites fondre 100 g de sucre et 30 g de glucose dans un poêlon en cuivre jusqu'à obtenir une consistance de caramel blond.

» Ajoutez les pignons de pin, faites-les colorer 1 à 2 mn tout en remuant.

» Huilez une plaque et versez la nougatine. Laissez refroidir.

Préparation de la meringue

» Fouettez la crème fleurette jusqu'à obtenir une consistance de crème chantilly. Réservez au frais.

» Dans le poêlon en cuivre, faites cuire le sucre, le miel et le glucose 6 mn, sans coloration.

» Montez les blancs et versez en filet le sucre cuit tout en fouettant. Fouettez jusqu'à complet refroidissement.

» Concassez et hachez la nougatine, puis mélangez-la avec la crème fleurette, la meringue, les petits dés de cédrat confit et la liqueur de cédrat.

» Moulez dans de petits cercles en inox ou dans un moule à cake.

» Placez le plat au congélateur environ 10 heures.

» Servez avec un coulis de fraises en accompagnement.

Astuces du Chef

Vous pouvez remplacez les fruits confis par des figues sèches.

Choix du sommelier

Domaine Leccia blanc
de Patrimonio

Quenelles de brocciu
et compote de fruits rouges

Pour 6 personnes

15 mn — 45 mn

Ingrédients

> 900 g de brocciu
> 300 g de sucre en poudre
> 1 citron non traité
> 100 g de framboises
> 300 g de fraises
> 100 g de mûres
> 100 g de cassis
> 1 branche de menthe fraîche
> 1 petit bâton de cannelle
> 1 gousse de vanille

Préparation de la compotée

≫ Nettoyez les fruits avant de les mettre dans une casserole avec 150 g de sucre, le bâton de cannelle et la gousse de vanille coupée en deux dans le sens de la longueur.

≫ Faites cuire à feu doux pendant 45 mn.

≫ Laissez refroidir.

Préparation des quenelles de brocciu

≫ Égouttez le brocciu.

≫ Râpez les zestes du citron puis pressez-en le jus.

≫ Passez le tout au mixeur avec 150 g de sucre, jusqu'à ce que le mélange devienne bien lisse.

≫ Réservez au frais pendant 1 h.

≫ À l'aide de deux cuillères, confectionnez des petites quenelles et disposez-les sur des assiettes.

≫ Nappez-les de compotée de fruits rouges.

≫ Décorez de bouquets de menthe fraîche.

Astuces du Chef

Vous pouvez tout simplement servir le brocciu en coupelle et mélanger à convenance avec la compotée de fruits rouges.

Choix du sommelier

Domaine Antoine Arena muscat de Patrimonio

Tarte au chocolat
au coulis et sorbet de clémentines

Pour 8 personnes

30 mn — 30 mn

Ingrédients

Pâte sablée chocolat
> 210 g de beurre pommade
> 100 g de sucre semoule
> 25 g de cacao
> 225 g de farine

Crème chocolat
> 125 g de chocolat noir
> 125 g de crème liquide
> 50 g de lait
> 30 g de jaunes d'œufs

Coulis de clémentines
> 10 clémentines
> 100 g de sucre semoule

Dressage
> 1/2 l de sorbet de clémentines

Préparation du sablé chocolat

» Dans un saladier, mélangez le beurre pommade avec le sucre semoule, le cacao, et la farine. Formez une boule.

» Réservez 1 h au frais.

Préparation de la crème chocolat

» Faites fondre le chocolat noir au bain-marie.

» Quand il est fondu, retirez-le du bain-marie, ajoutez la crème liquide, le lait et les 30 g de jaunes d'œufs.

» Mélangez et réservez.

Préparation de la tarte

» Étalez la pâte sablée chocolat, foncez 8 petits cercles de 10 cm de diamètre ou un grand moule à tarte. Passez la pâte au four 5 mn à 160°C. Laissez refroidir.

» Préchauffez votre four à 250°C, remplissez les moules avec la crème chocolat.

» Arrêtez le four et enfournez les tartes 20 mn. Retirez du four et laissez refroidir.

Coulis de clémentines

» Épluchez 10 clémentines, mettez-les à cuire avec 100 g de sucre sur feu vif durant 15 mn environ en les remuant. Mixez et passez au chinois fin.

» Réservez au frais.

Dressage

» Enlevez le cercle des tartes et servez-les accompagnées du coulis de clémentines et une quenelle de sorbet de clémentines.

Astuces du Chef

Vous pouvez remplacer le coulis et le sorbet clémentine par une crème anglaise pistachée.

Choix du sommelier

Domaine Gentile muscat de Patrimonio

Madeleines corses

Pour 20 madeleines

12 mn 15 mn

Ingrédients

> 100 g de poudre d'amandes
> 250 g de sucre glace
> 80 g de farine
> 25 g de farine de châtaigne
> 8 blancs d'œufs
> 90 g de miel de châtaigner
> 250 g de beurre noisette

Préparation

» Mélangez la poudre d'amandes avec les farines et le sucre glace.

» Ajoutez les blancs d'œufs.

» Mélangez bien afin d'obtenir une pâte bien lisse.

» Faites tiédir le miel et mélangez-le à l'appareil.

» Réalisez le beurre noisette, passez-le immédiatement au chinois fin et laissez-le tiédir.

» Incorporez le beurre noisette à la pâte.

» Réservez au frais.

» Beurrez des moules à madeleines, de préférence des moules en matière souple, versez-y la pâte et laissez cuire au four préchauffé à 160°C, pendant environ 12 mn.

» Démoulez à chaud et dégustez les madeleines encore tièdes.

Astuces du Chef

Pour varier un petit peu le goût, ajoutez dans l'appareil quelques zestes d'agrumes.

Choix du sommelier

Domaine Gentile muscat de Patrimonio

Cake à la farine de châtaigne
cédrat confit et miel du Niolu

Pour 6 personnes

20 mn | 1h

Ingrédients

Cake
> 210 g de beurre
> 200 g de farine de blé
> 100 g de châtaignes
> 1 sachet de levure chimique
> 100 g de sucre en poudre
> 50 g de miel
> 4 œufs
> 125 g de cédrat confit
> 25 cl de liqueur

Compotes de figues séchées
> 300 g de figues séchées
> 1 citron non traité
> 300 g de sucre
> 30 cl de vin de Myrte

Préparation du cake

» Préchauffez le four à 250°C.

» Mettez le beurre à ramollir. Tamisez ensemble la farine et la levure.

» Dans un saladier, battez ensemble 200 g de beurre, le sucre et le miel liquide.

» Ajoutez les œufs un à un puis petit à petit la farine.

» Lorsque le mélange est homogène, ajoutez les dés de cédrat confit et la liqueur.

» Beurrez un moule à cake de 28 cm. Versez-y la pâte.

Cuisson du cake

» Mettez le cake au four et baissez immédiatement la température à 180°C.

» Au bout de 8 à 10 mn, une croûte se forme. Fendez-la avec la lame d'un couteau fin passée au préalable dans du beurre, ce qui permettra au cake de se développer uniformément.

» Faites cuire pendant 1h environ.

» Laissez refroidir et démoulez.

Préparation de la compote

» Faites tremper les figues dans l'eau froide pendant 4h.

» Râpez le zeste d'un citron.

» Mettez le tout dans une casserole avec le sucre et le vin. Faites bouillir.

» Égouttez les figues, épongez dans le vin et faites cuire pendant 45 mn.

» Servez cette compote tiède avec le cake.

Astuces du Chef

Si vous n'avez pas de cédrat, vous pouvez le remplacer par des zestes de citrons et d'oranges.

Choix du sommelier

Clos Regine "E Prove" rosé de Calvi

Une Promenade en Corse

Prisuttu
Panzetta
Saucisson

Lonzo
Coppa
Figatellu

Pain aux noix
Pain à la farine de châtaignes

Pain aux olives
et panzetta
Pain aux olives

Tome Napoléon
Pâtes fortes à tartiner
Brebis aux épices
Erbajolu
Brebis du Niolu (Lucciani)

Tome Napoléon
Brocciu
aux herbes fraîches
Brocciu
à l'huile d'olive
FROMAGERIE DE FURIANI
PATE DE
FROMAGE FORT
DE BREBIS
BASTIA
Pedru pastore
Brocciu

Domaine
ORSINI
Ce VIN,
expression fidèle
de ce terroir d'exception
à la personnalité très forte
provient de la RÉCOLTE
2001
Domaine
ORSINI
ROUGE PRESTIG
APPELLATION
VIN DE CORSE CALVI
CONTRÔLÉE
Cuvée
Fiumeseccu
DOMAINE
D'ALZIPRATU
CORSE.CALVI
Appellation Corse Calvi Contrôlée
2002
MIS EN BOUTEILLE AU DOMAINE
Maurice et Pierre Acquaviva - Propriétaires Récoltants
20214 Zilia - Pruduttu di Corsica - Francia
12,5%vol
75cl
Clos
d'
Alzeto
Clos d'Alzeto
1999
MÉDAILLE
D'ARGENT
PARIS 2001
Clos d'Alzeto
AJACCIO
APPELLATION AJACCIO CONTRÔLÉE
MIS EN BOUTEILLE AU CLOS
75cl

Les vins recommandés par la Villa Corse

(p.182)

Domaine ORSINI
DOMAINE ORSINI
Confiture de Cédrat
Confiture portant la marque de la personnalité et de l'authenticité de notre terre de Corse
Pur Fruit - Pur Sucre
250g
queur de
Myrte
maine Orsini
Calinzana
DOMAINE ORSINI
Confiture de Figue de Barbarie
Pur Fruit - Pur Sucre
16% Vol.
DOMAINE ORSINI
nfiture de Citron jaune
Pur Fruit - Pur Sucre
DOMAINE ORSINI
Confiture d'Arbouse
DOMAINE ORSINI
Confiture de Pêche de V

Les produits recommandés par la Villa Corse (p.182)

Quelques mots de Corse

A'prestu : à très bientôt
Avvedeci : au revoir
Bon appititu : Bon appétit
Bonghjornu : Bonjour
Brocciu : variété de fromage frais de corse contitué de lactosérum et de lait
Castagnina : châtaigne
Coppa : charcuterie à base d'échine de porc désosée, salée et fumée
Erbajolu : fromage de brebis aux herbes du maquis
Fiadone : gâteau à base de brocciu
Figatellu : saucisse de foie de porc fabriquée l'hiver
Grazia - Ringrazia : merci
Lonzo : filet de porc enveloppé dans un boyau séché ou fumé
Népita : menthe sauvage corse
Niolu : fromage de brebis
Pace e salute : paix et santé
Panzetta : lard demi maigre ou maigre
Pedru pastore : fromage de brebis
Prisuttu : jambon cru corse séché entre 12 à 24 mois et légèrement fumé au bois de châtaigner
Suerta : fromage de chèvre
Stuffatu : sauté de viande cuit à petit feu
Tome Napoléon : fromage de brebis
Tante salute : à votre santé

Légendes

 Peu cher

 Abordable

 Cher

 Temps de préparation

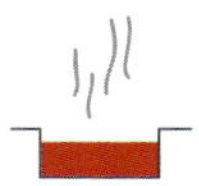 Temps de cuisson

Sorbet
Figue
par
Battistelli
Artisan

PURE CORSE.
BIERA CORSA
Pietra
BIERE AMBRÉE
33cl
L'ABUS D'ALCOOL EST DANGEREUX POUR LA SANTE - A CONSOMMER AVEC MODERATION

Remerciements

Orezza
Marne et Champagne Diffusion
12, Bd Lundy BP63
51056 Reims
01 45 00 77 64

Pastis Dami
Route du village – Furiani
20600 Bastia
04 95 33 00 03

Bière Pietra
Route de la Marana
20600 Furiani
04 95 30 14 70

L'art du Sorbet (Batistelli)
96 avenue du Chateau
95310 St Ouen l'Aumone
01 30 37 80 04

Clos d'Alzeto
Albertini Frères et Fils
20151 SARI D'Orcino
Tel: 04 95 52 24 67

Pierre et Henry Orenga de Gaffory
Lieu dit Morta Majo
20253 Patrimonio
Tel: 04 95 37 45 00

Domaine d'Alzipratu
Appellation Corse-Calvi
20214 Zilia
Tel: 04 95 62 75 47

Domaine Orsini
Rochebelle – Pietralba
20214 Calenzana
04 95 62 81 01

Domaine Comte Abbatucci
Lieu-dit Kiesale
20140 Casalabriva
04 95 74 04 95

Domaine Gentile
20217 St Florent
04 95 37 01 54

PASTIS DAMI
Un des plus anciens Pastis, célèbre apéritif Corse à base d'anis et de réglisse
CAP CORSE
Seul un Corse pouvait le faire naître. Il a le tempérament violent avec ses écorces de quinquina. Un grand apéritif.
LIQUEUR DU MAQUIS
Elle n'a pu naître qu'en Corse et elle est le fleuron de la production Damiani. A base de plantes odorantes de l'Ile de Beauté, elle fait partie intégrante de la vie des Corses.
CAP CORSE
ANTOINE DAMIANI
PASTIS
dami
PASTIS CORSE
45
dami'anis ... anis d'amis
LIQUEUR DU MAQUIS
1935
DAMIANI
Pastis DAMI, c'est la Corse en liqueurs
FURIANI - 20600 BASTIA - Tél: 04 95 33 00 03 - Fax: 04 95 30 81 34

La Villa Corse
restaurant bar cocktail
164 bv de Grenelle – 75015 Paris
Tél. : 01 53 86 70 81 – Fax : 01 53 86 90 73

EDITIONS PC

Philippe Chauveau
4, rue de la Croix Nivert – F-75015 Paris
Tél. : +33 (0)1 42 73 60 60 – Fax. : +33 (0)1 42 73 60 70
E-mail : editionspc@wanadoo.fr – Internet : editionspc.com

Photos : Jacques Florsch
Textes et recettes : Henri Boutier et Didier Vanhulst

Cet ouvrage a été tiré à 3000 exemplaires
Achevé d'imprimer en octobre 2006 sur les presses de l'Imprimerie Kapp Lahure
ISBN : 2-912683-32-7 / EAN : 9782912683328
Dépot légal : mai 2004